NÃO EXISTE VITÓRIA
SEM SACRIFÍCIO

DIEGO HYPOLITO

em depoimento a Fernanda Thedim

NÃO EXISTE VITÓRIA SEM SACRIFÍCIO

Da depressão severa à medalha olímpica, a trajetória de superação do mais vitorioso ginasta brasileiro

Benvirá

Copyright © Diego Hypolito, 2019

Preparação Alyne Azuma
Revisão Maurício Katayama
Projeto gráfico e diagramação Caio Cardoso
Capa Deborah Mattos
Imagem de capa Lucas Lima/UOL/Folhapress
Imagem de miolo iStock/Getty Images Plus/Artur Didyk
Impressão e acabamento Bartira

Dados Internacionais de Catalogação na Publicação (CIP)
Angélica Ilacqua CRB-8/7057

Hypolito, Diego
Não existe vitória sem sacrifício: da depressão severa
à medalha olímpica, a trajetória de superação do mais
vitorioso ginasta brasileiro / Diego Hypolito em depoimento a Fernanda Thedim. – São Paulo: Benvirá, 2019.
144 p.

ISBN 978-85-5717-334-7

1. Hypolito, Diego, 1986- Biografia 2. Ginastas - Biografia 3. Sucesso 4. Superação I. Título II. Thedim,
Fernanda

19-2148

CDD 927.964
CDU 929:796.4

Índice para catálogo sistemático:
1. Ginastas - Biografia

1ª edição, novembro de 2019

Nenhuma parte desta publicação poderá ser reproduzida por qualquer meio ou forma sem a prévia
autorização da Saraiva Educação. A violação dos direitos autorais é crime estabelecido na lei n. 9.610/98 e
punido pelo artigo 184 do Código Penal.

Todos os direitos reservados à Benvirá, um selo da Saraiva Educação, parte do grupo Somos Educação.
Av. Doutora Ruth Cardoso, 7221, 1º Andar, Setor B
Pinheiros – São Paulo – SP – CEP: 05425-902

SAC: sac.sets@somoseducacao.com.br

CÓDIGO DA OBRA 15732   CL 670476   CAE 705161

Para Jesus, o Filho de Deus.

SUMÁRIO

9 PREFÁCIO
por Glenda Kozlowski

13 APRESENTAÇÃO
por Fernanda Thedim

15 CAPÍTULO 1
O diagnóstico

25 CAPÍTULO 2
Banco de reserva

37 CAPÍTULO 3
Um erro estratégico

47 CAPÍTULO 4
De cara no chão

55 CAPÍTULO 5
A primeira
queda olímpica

63 CAPÍTULO 6
Caixa de fósforo

75 **CAPÍTULO 7**
Caminhos
interrompidos

83 **CAPÍTULO 8**
Sucessos
e derrotas

91 **CAPÍTULO 9**
Prova de fogo

101 **CAPÍTULO 10**
Chega de
segredos

113 **CAPÍTULO 11**
Aprendizados

121 **AGRADECIMENTOS**

124 **QUADRO DE
MEDALHAS**

PREFÁCIO

— Tia, um dia a senhora vai me entrevistar, porque eu vou ser campeão.

O garoto serelepe disse essa frase, seguida de uma gargalhada bem alta, e saiu correndo sem rumo. Ele era apenas mais uma criança entre muitas que estavam na escolinha de ginástica artística do Flamengo.

Mas na verdade ele não era mais um... Ele era um Hypolito, irmão da Daniele Hypolito, a grande promessa da ginástica brasileira. E eu, recém-contratada pela TV Globo, estava começando a fazer reportagens para o *Esporte Espetacular*.

O ano era 1996. A Olimpíada de Atlanta tinha terminado recentemente. O nome da ginástica naquele momento era Luisa Parente, e eu havia ido ao Flamengo justamente para olhar para o futuro, pensando nos Jogos Olímpicos de 2000, em Sidney. Quem poderia ser o nome da ginástica brasileira dali a quatro anos? Daniele Hypolito. Todos falavam da pequena notável do Flamengo.

Naquela tarde, aquele menininho encantador roubou a cena. Não parava quieto um segundo. Corria com total liberdade pelo tablado – liberdade essa que a técnica Georgette Vidor, para mim, um gênio do esporte, fazia questão de limitar. Ela dava bronca:

– Diego, fica quieto!!

– Diego, para de correr!!

Mas não adiantava. Ele dava um sorriso e saía correndo. E ela achava graça. Mas disciplina é o sobrenome da Georgette, né?

Enquanto isso, minha equipe preparava câmera, luz, áudio, deixando o cenário arrumado para a entrevista com a Dani e seu irmão caçula, que também fazia ginástica. Dona Geni, a mãe dos dois, comentava:

– Esse menino não tem jeito, é muito agitado.

Pensei comigo: "Pelo menos, está no ambiente certo. A ginástica é um esporte que gasta muita energia, e quando ele chega em casa deve ficar mais tranquilo". Resolvi comentar isso com a dona Geni. Ela deu um sorriso tímido e respondeu:

– Ah, minha filha, quando eles chegam em casa é hora de dar cambalhota no sofá!

Soltei uma gargalhada sonora! Na época, eu era mãe de um bebê de poucos meses, e fiquei imaginando o que viria pela frente.

Tudo certo para a entrevista, me posicionei, conseguimos segurar o Diego (risos) com a ajuda da Dani, sempre muito carinhosa e paciente, e começamos.

Diego tinha 10 anos. Era baixinho, todo forte e muito decidido, não só na bagunça, mas com as palavras. Falava muito bem para a pouca idade. E o carisma? O dom do Diego é o seu carisma. Ele sempre teve luz, estrela, sabe?

O amor e a admiração que ele tinha pela irmã me chamaram a atenção. Os olhos dele brilhavam enquanto ela falava. Ele ria, concordava. E fazia previsões:

– Ela vai ser a melhor do mundo, você vai ver, tia.

Sim, ele me chamava de tia. Eu achava uma graça.

PREFÁCIO 11

No fim da entrevista, perguntei para ele:

– Mas e você, Diego? Você quer ser um atleta olímpico? Já pensou...?

Ele não me deixou nem terminar a pergunta. No ímpeto infantil, respondeu:

– Eu vou ganhar uma medalha olímpica, tia. A senhora ainda vai me entrevistar muito – sim, ele me chamava de tia e senhora. – Eu quero ser também campeão mundial, igual a minha irmã!

E soltou aquela gargalhada gostosa.

A Dani começou a rir também, dei aquele abraço nos dois, peguei a Dani no colo e fiquei com aquilo na cabeça. Pensei comigo: "Caramba, estou na frente de duas crianças que vão fazer história". Eu não tinha dúvidas de que a ginástica brasileira teria dois grandes atletas no futuro. Afinal, eu sei que sentimento é esse. Fui atleta e conheço bem o brilho do desejo no olhar.

Antes de ir embora do ginásio, virei para o Diego e disse:

– Olha, só quero ver, hein? Quando você virar uma fera e ficar bem famoso, não vai me negar entrevista, não, né?

Ele sorriu e adivinha? Saiu que nem um foguete, rodopiando pelo tablado.

Calcei o tênis e fui embora, impressionada com o que tinha visto e ouvido. No carro, voltando para a emissora, a gente só falava no futuro brilhante da família Hypolito e da energia que aquele garoto encantador tinha.

Depois disso, nossos caminhos nunca mais pararam de se cruzar. Tive o privilégio de acompanhar, bem de perto, a realização de cada palavra que o menino havia me dito em 1996.

A gente só não sabia que o enredo desta história incluiria lágrimas, persistência, gargalhadas, decepções, mas o final seria exatamente como aquele garotinho serelepe queria: com uma medalha olímpica no peito.

Como Diego, chorei, gargalhei, amadureci como jornalista esportiva, como conselheira, como amiga. E quis o destino que, vinte anos depois daquela entrevista no ginásio do Flamengo, eu entrasse num ginásio olímpico, no meu país, para dar voz, como narradora, àquele sonho de criança.

Fico muito arrepiada só de lembrar. Aliás, as lágrimas estão caindo agora, enquanto escrevo.

O fim deste momento o mundo todo conhece e aplaudiu de pé: medalha de prata para Diego Hypolito. Ainda tivemos uma dobradinha histórica, com o bronze para Arthur Nory.

Em um minuto e meio, naquele tablado, com o ginásio lotado, ele garantiu não só mais uma medalha olímpica para o Brasil. Era muito mais do que isso. Era aquela criança virando adulto. Depois de ter caído sentado, de ter caído de cara, Diego Hypolito ficou de pé e saiu andando, ovacionado pela multidão, com uma medalha no peito, gargalhando, serelepe.

Deu certo para ele e para mim.

E, quando penso em uma música para o Diego, eu canto Gilberto Gil: "Andar com fé eu vou, que a fé não costuma *faiá!*"

GLENDA KOZLOWSKI
Setembro de 2019

APRESENTAÇÃO

Foram cerca de seis encontros ao longo de um ano, cada um com duas a três horas de duração. Nós conversávamos no apartamento do Diego no Rio de Janeiro, cercados por seus inúmeros cachorros (todos batizados com nomes de atletas da ginástica artística brasileira) e tomando sempre o café quentinho da dona Geni, sua mãe. Apesar de estarmos em um ambiente familiar, ouvir a história dele não foi uma tarefa fácil. Por vezes, engoli a seco detalhes da trajetória do atleta nascido em Santo André, região metropolitana de São Paulo, em 1986. Por vezes, vi o próprio Diego com os olhos cheios d'água relembrando episódios que marcaram sua vida – da infância difícil na Cidade Maravilhosa até a conquista da medalha de prata na Olimpíada de 2016. O que posso dizer é que, em toda a sua história, fica evidente uma qualidade bem marcante de sua personalidade: a perseverança.

O Diego teve inúmeros motivos para desistir e deixar de lado o sonho de ganhar uma medalha olímpica, mas superou todos os obstáculos com afinco e firmeza, sempre acreditando que um dia chegaria ao pódio dos Jogos. Ele sofreu *bullying* por muitos anos, na escola e nos treinos; ainda bem novo, com 11 ou 12 anos, foi assediado por outros atletas durante suas primeiras competições; passou por sérias dificuldades financeiras que afetaram a família toda; enfrentou uma depressão severa e chegou a tentar o suicídio; teve que se submeter a mais de uma dúzia de cirurgias do ombro ao pé; escondeu a sexualidade dos familiares, dos amigos e do público por muito tempo, com medo de que isso pudesse prejudicar sua evolução profissional.

Mas ele superou tudo isso porque seu foco era um só: se tornar um ginasta profissional de sucesso. Ele tinha um propósito bem claro e não mediu esforços para alcançá-lo, sempre contando com o apoio da família, que esteve presente desde o início da sua carreira. Por muito tempo, o verdadeiro Diego, um cara alegre, entusiasmado e sorridente, teve que ficar em segundo plano para que sua carreira em cima do tablado deslanchasse. A trajetória do Diego é vitoriosa, sim, mas, acima de tudo, é uma trajetória de superação, de quem batalhou muito para chegar ao lugar com que tanto sonhou. De quem treinou, treinou e treinou até chegar o mais perto possível da perfeição e do seu sonho. É uma injeção de ânimo para todos os que estão em busca de realizar algo na vida.

O que senti é que nossas conversas, necessárias para a elaboração desta biografia, sem dúvida o ajudaram a entender melhor momentos difíceis de sua própria história e a ter orgulho de tudo pelo que passou, de tudo o que viveu até aqui. Fico muito feliz de ter, de alguma forma, participado desse seu importante processo de autoconhecimento e autoaceitação.

FERNANDA THEDIM

Agosto de 2019

CAPÍTULO 1

O DIAGNÓSTICO

"O que nos parece uma provação amarga pode ser uma bênção disfarçada."

OSCAR WILDE

Não sei se consigo falar sobre isso. Na verdade, essa foi uma fase muito difícil da minha vida. Pode até soar clichê o que vou dizer agora, mas realmente cheguei ao fundo do poço nessa época. Os dias passavam, um atrás do outro, sem que eu saísse do quarto. Sem que eu soubesse dizer qual era o dia da semana. Não havia mais nenhuma diferença entre segunda, terça ou quarta; era tudo igual. Em determinado momento, eu também já não sabia mais o que era dia e o que era noite. Quando me dei conta, estava completamente perdido no tempo e no espaço.

Ficava ali recolhido. Sempre no escuro. De olho bem fechado. Era como se algo de muito ruim pudesse acontecer comigo a qualquer momento. Eu sentia um medo tão grande que ele me paralisava por completo. Ao mesmo tempo, eu não sabia exatamente do que eu sentia medo. O fato é: eram horas e horas sem falar, sem comer, sem se mexer, sem conseguir fazer absolutamente nada. Não tinha vontade, muito menos forças. Tinha perdido até a disposição de fazer a coisa de que mais gostava na vida, que mais me dava satisfação, pela qual eu tinha batalhado tanto até então. Quando vi, passei a perder um treino atrás do outro.

Mesmo sem fazer absolutamente nada, nenhuma atividade, eu sentia um cansaço fora do normal, como se tivesse treinado por horas a fio sem parar, como se tivesse dado tudo de mim em um campeonato. Mas não. Eu estava imóvel. E já havia dias. Não demorou muito tempo, enclausurado dentro daquele quarto escuro, para que pensamentos ruins começassem a invadir minha cabeça, sem que eu conseguisse me livrar deles. Esses pensamentos vinham na minha direção e pareciam ser muito mais fortes do que eu. Ao mesmo tempo que eu tinha medo de sair dali, de colocar o pé para fora do quarto, eu também tinha medo de ficar ali. Era muito angustiante.

Em determinado momento, me sentindo esgotado, decidi me render. Não via saída. Não aguentava mais lidar com aquela montanha-russa de sentimentos. Tinha chegado ao meu limite. Eu não queria mais aquilo, aquela vida. E na minha cabeça só existia uma forma de acabar com toda aquela inércia, toda aquela angústia que me consumia, toda aquela tristeza que não me deixava sair do lugar, que me anestesiava por completo.

Não foram uma nem duas vezes. Por inúmeras vezes – não importava a hora, de manhã, de tarde ou de noite – pensei em acabar com minha própria vida. Precisava me livrar daquele sofrimento, fazer algo para me sentir melhor. Era um pensamento que ia e voltava a todo instante, como se fosse a única solução. E não era apenas a única, mas também a mais rápida, a mais eficiente naquele momento. Tanto é que comecei a pensar em como poderia fazer isso. Sim, queria dar um fim àquilo tudo. Mais que isso: *precisava* dar um fim. Não aguentava mais.

CAPÍTULO 1 | O DIAGNÓSTICO

Sinto muito por reconhecer isso – principalmente pela minha família, que sempre esteve ao meu lado e me ajudou em todos os momentos –, mas, na minha cabeça, essa era a única saída que eu conseguia enxergar para acabar com aquele pesadelo que não terminava nunca. Sei que já estou me repetindo, mas eu não sabia mais o que fazer. O mais triste é que tentei, de fato. Olhava para a janela e então me apoiava nela, pensando se me jogaria ou não, como seria minha queda, como seria minha morte. Olhava para os remédios e começava a calcular quantos eu precisaria tomar para morrer. Certa vez, coloquei alguns comprimidos na boca e cuspi logo depois. Comecei a fazer coisas contra mim mesmo, comecei a me machucar de verdade... Desculpe pelas lágrimas, mas realmente não consigo falar disso sem me emocionar. A verdade é que, sim, eu tentei o suicídio.

Tenho tanta dificuldade de falar desse período, dessa fase tão triste... É como se eu tivesse passado uma borracha nas minhas lembranças, de propósito mesmo, reconheço. A sensação era de que eu havia perdido completamente o controle da minha vida após uma sucessão de acontecimentos que foram se acumulando. Acontecimentos com os quais não soube lidar bem, ou não soube enfrentar, preciso admitir.

Quando fui mandado embora do Flamengo, em março de 2013, me senti muito desprestigiado. Principalmente pela forma como a coisa foi feita, sem nenhum cuidado com a gente. Para você ter uma ideia, fiquei sabendo pela imprensa que eu havia sido dispensado, sem nenhum aviso prévio, sem nenhuma conversa preliminar. E aquela era minha casa, onde me sentia seguro, abrigado. Foram exatos dezenove anos competindo pelo clube, treinando ali diariamente, levando o nome do Flamengo a campeonatos, Copas do Mundo e Olimpíadas.

Não que isso significasse que eu fosse insubstituível para o clube, não é isso. Eu sabia que em determinado momento eu poderia sair, e que eles tinham todo o direito de me mandar embora, na hora que quisessem, é claro. Mas não daquela forma. Eles não foram nada elegantes comigo nem com os outros atletas que davam a vida pelo esporte – e foram oito ginastas demitidos, incluindo eu, a Dani (minha irmã) e a Jade Barbosa. Na verdade, senti como se tivesse sido apunhalado pelas costas. Isso me deixou muito mal naquela época. Fiquei sem chão.

A verdade é que eu nunca quis sair do Flamengo. Achei, de fato, que fosse terminar minha carreira ali. Até porque eu já havia ficado sem salário antes, durante vários meses. E mesmo assim continuei ali, firme e forte. E eu teria continuado por ainda mais tempo, porque na minha cabeça havia um comprometimento mútuo, um respeito mútuo acima de tudo, uma história construída em parceria entre a gente. Inclusive eu já havia sinalizado isso para toda a diretoria, após sucessivas conversas. Acreditava de verdade que iríamos resolver os problemas da melhor maneira possível. No entanto, depois do incêndio no clube – que em novembro de 2012 destruiu o ginásio da Gávea e toda a estrutura da ginástica olímpica –, os novos dirigentes alegaram que havia um déficit financeiro muito grande com os atletas profissionais e decidiram dispensar toda a equipe de ginástica. Eles ficaram apenas com as escolinhas de base.

O problema é que, a essa altura, eu já estava com a cabeça em 2016. Sabia que essa poderia ser a minha última chance de

CAPÍTULO 1 | O DIAGNÓSTICO

realizar o sonho da minha vida: a medalha olímpica. Eu havia me classificado em primeiro lugar para a prova de solo em 2008, nos Jogos Olímpicos de Pequim, mas caí de bunda no chão no último exercício e terminei a competição em sexto lugar. Em 2012, nos Jogos de Londres, de novo um erro, dessa vez pior: caí de cara no chão. Mesmo assim, eu ainda não havia desistido. Eu acreditava que tinha grandes chances de concretizar esse sonho.

Então continuava ali, treinando, superando obstáculo por obstáculo, acreditando que um dia conseguiria subir ao pódio olímpico. Só que, quando fui demitido, as coisas pareciam conspirar contra mim, e foi aí que realmente comecei a duvidar de mim mesmo. Será que eu tinha capacidade mesmo de chegar lá? Será que eu não estava indo atrás de algo impossível? Valia a pena continuar? Estava ficando sem forças para seguir adiante. Pior: não estava mais acreditando em mim mesmo, no meu potencial.

Você já deve ter ouvido esta frase: "Você é o seu maior adversário". Nunca acreditei muito nisso. Na minha cabeça, meus maiores adversários sempre eram os outros atletas, contra os quais eu competia a cada Mundial, a cada Olimpíada. Meus adversários eram os aparelhos, que eu queria vencer, um a um. Meus adversários eram as contraturas e lesões musculares, que eu precisava superar – e, ao longo de tantos anos dedicados a um esporte de alto rendimento, naturalmente foram inúmeros os problemas físicos.

Eu me lembro de pelo menos onze ocasiões em que fui parar numa mesa de operações. Do pé à coluna, passando pelo ombro, acho que já operei de tudo. Ainda assim, nunca me preocupei muito comigo, com a minha cabeça, com o que eu estava sentindo. Mas dessa vez não teve jeito. Todo aquele pragmatismo, aquela determinação, aquele Diego racional e perseverante tinham sido soterrados pelo meu próprio psicológico, que tinha me derrotado, me levado ao chão. Da pior forma possível, me dei conta de que podemos ser, sim, o maior adversário de nós mesmos – e talvez o pior também.

Na época da demissão do Flamengo, já estávamos treinando em São Paulo, no Esporte Clube Pinheiros, que havia emprestado suas instalações aos atletas depois do incêndio no ginásio da Gávea. Por mais generosa que fosse a diretoria do Pinheiros, abrindo espaço e oferecendo toda a sua estrutura para que não parássemos de treinar, eu sentia que estava atrapalhando o dia a dia deles, dos atletas do clube, da comissão técnica.

Sabe quando você não está na sua casa e precisa pedir licença para tudo, para pegar um copo d'água, para usar o banheiro? Sabe aquela visita que não vai embora nunca? Que dorme todo torto no sofá e ainda tem que pedir desculpas pelo incômodo? No fundo, era mais ou menos isso que eu sentia, como se eu fosse um intruso ali. E a gente não podia reclamar de nada, exigir nada, pelo contrário. Foi mais de um ano vivendo assim, de favor, na casa dos outros. Isso também afetou bastante minha autoconfiança e meu rendimento nos treinos.

Para não atrapalhar a rotina dos atletas do Pinheiros, que não tinham nada a ver com nosso problema, fazíamos horários muito diferentes daqueles a que estávamos acostumados. Íamos à academia bem antes do treino, usávamos o ginásio apenas nos intervalos deles. Era o único jeito de continuarmos treinando, de continuarmos lutando pelo nosso sonho, pelo nosso futuro.

CAPÍTULO 1 | O DIAGNÓSTICO

Tudo era meio arranjado, meio adaptado para a gente, porque estávamos ali provisoriamente.

O problema é que aquele "provisoriamente" não tinha mais data para terminar. O combinado era que voltaríamos a treinar no Flamengo assim que a reforma do ginásio da Gávea fosse concluída. Só que, nesse meio-tempo, como disse, fomos demitidos sumariamente. O plano de voltar para o Rio, para o nosso clube, para perto de minha família e de meus amigos, caiu por terra. Na verdade, não tínhamos nem mais para onde ir. Ficamos sem chão, sem nenhuma perspectiva, sem saber o que seria do nosso futuro profissional.

Aos poucos, essa rotina sem rotina, essas incertezas todas, essa sensação de estar sempre incomodando acabaram me desestabilizando. Sobretudo psicologicamente. Eu estava longe de casa, longe da família, longe dos amigos, dividindo um quarto de hotel fazia meses com outro atleta. Para completar, diante de toda essa confusão, ainda perdi meu principal patrocinador. Fui ficando cada vez mais recluso e, quando vi, não tinha mais vontade de sair da cama, de comer, de ouvir música, de passear, de ver meus amigos, de falar com minha mãe, meu pai, meus irmãos, de nada.

Passei a perder os horários, passei a perder os treinos com frequência, algo que nunca havia acontecido comigo em relação ao trabalho. Minha vida naquele momento era dormir, dormir e dormir, e eu não era assim. Nunca tinha sido assim, muito pelo contrário. Se tem uma coisa que o esporte te ensina é a ter disciplina, e aprendi isso desde muito cedo. Mas eu estava completamente desestimulado e, em consequência disso, fui ficando cada vez mais abalado. Eu tinha virado um perigo para mim mesmo.

Mesmo a distância, minha família, lá no Rio, se deu conta de que eu precisava de ajuda. Eles começaram a perceber que eu estava diferente, muito quieto, e então agendaram uma consulta com um dos psiquiatras mais competentes de São Paulo. E eu fui. Sentei na frente do médico, envergonhado, sem saber muito bem por que estava ali. Pensava: "Psiquiatra não é médico de maluco?" Eu não era maluco, não tinha por que estar ali. Por um misto de ignorância e prepotência, nunca achei que iria precisar de um psiquiatra, mas a verdade é que eu estava precisando de ajuda, sim, muita ajuda, qualquer ajuda.

Tive dificuldade de contar tudo o que estava sentindo, o que eu já havia feito contra mim mesmo. Aos poucos, fui soltando uma coisa aqui, outra ali, de forma bem comedida, porque estava com muita vergonha. Depois de tantos campeonatos, Copas do Mundo e duas Olimpíadas, uma vida dedicada ao esporte com muitas conquistas, tive que admitir a um estranho que havia tentado me matar. O médico decidiu me internar imediatamente em uma clínica de tratamento psiquiátrico. Ele não deu nem chance de eu pegar minhas coisas. Fui direto do consultório para a clínica.

Eu tinha 27 anos, e havia sido diagnosticado com uma severa depressão.

CAPÍTULO 2

BANCO DE RESERVA

"O ponto de partida
de qualquer conquista
é o desejo."

NAPOLEON HILL

Muita gente ainda acha que depressão é bobagem. Eu mesmo achava, confesso. Achava que isso não existia, que era apenas um desânimo passageiro que poderia ser resolvido com uma boa dose de autoconfiança e um "vamos lá, Diego" ou um "ânimo, Diego". Mas está longe de ser simples assim. Vi, na prática, que estava completamente enganado. Depressão é coisa séria. É uma doença psiquiátrica crônica que provoca uma tristeza profunda, uma melancolia sem fim, e que, assim como tantas outras doenças, pode trazer consequências devastadoras, não só para o indivíduo, mas para toda a sua família.

Infelizmente, a depressão é um mal que atinge cada vez mais gente. Nos últimos dez anos, o número de casos da doença aumentou vinte por cento no mundo todo. Os sintomas são todos aqueles que eu tinha: prostração, perda de interesse pela vida, sentimento de culpa, baixa autoestima, distúrbios de sono e na alimentação, cansaço e déficit de concentração. Para piorar a situação de todos nós, a perspectiva é que esse número só aumente nos próximos anos, de acordo com projeções feitas pela Organização Mundial da Saúde, atingindo pessoas de todas as etnias, classes sociais e faixas etárias.

Não lembro ao certo quanto tempo fiquei internado naquela clínica. Minha família diz que foi cerca de um mês, um mês e meio. A impressão que tenho é que o tempo ganhou outra dimensão nesse período. Quando batia o medo, o desespero, a vontade de acabar com tudo, de fazer algo que pudesse encerrar minha vida, eu avisava, e aí eles me entupiam de remédio. Ficava completamente sedado, sem raciocinar direito, sem ver as horas passarem. Perdi uns dez quilos nesse período. Mesmo com poucas lembranças, recordo que dormi praticamente o tempo todo nas duas primeiras semanas que passei na clínica. Os dias eram iguais às noites, e vice-versa. Até que, em determinado momento, graças ao tratamento, minha cabeça clareou, meus pensamentos se alinharam.

Parei e pensei: o que eu estava fazendo comigo, com a minha vida, com a minha carreira? Eu tinha lutado tanto, me dedicado tanto, abdicado de tanta coisa, que não poderia me deixar abater assim. Não estava sendo fácil, não mesmo, mas eu tinha um sonho, um objetivo, e lá no fundo ainda acreditava nele, por mais longe que ele parecesse estar a cada momento. Eu não podia desistir assim, sem lutar mais um pouco, sem tentar uma última vez. "Vou tentar só mais uma vez", prometi a mim mesmo. Passei a repetir isso como se fosse uma oração, que entoava todas as vezes em que parecia que não ia dar para continuar a treinar, a competir, a lutar por uma medalha olímpica.

Foi muito difícil sair daquela inércia, encontrar forças para me reerguer, mas eu tinha uma ponta de esperança. E foi a ela que me agarrei com unhas e dentes. Semanas antes da minha internação, no começo de 2014, eu tinha recebido uma proposta para treinar

CAPÍTULO 2 | **BANCO DE RESERVA**

no Esporte Clube São Bernardo, em São Bernardo do Campo, no ABC paulista. Já havia sido procurado por outros clubes, mas todos haviam feito convites individuais, só para mim. No intuito de manter o grupo de treinadores e ginastas do Flamengo unido, acabei não aceitando. Queria encontrar uma solução que resolvesse o problema de todos nós.

Mas, dessa vez, não tinha como dizer não. Mesmo que isso significasse me despedir do grupo e deixar de treinar com uma equipe que tinha me ajudado tanto durante toda a minha carreira. Contudo, era uma questão de sobrevivência mesmo. Era a chance que eu tinha de me levantar, de sair de um quarto escuro, de voltar a acreditar em mim e de ir atrás do meu sonho. Todo mundo achava impossível que eu me classificasse para os Jogos Olímpicos do Rio, mas algo me dizia, lá no fundo, que eu deveria ao menos tentar. Intuição é algo que a gente deve levar a sério.

Mesmo dopado com todos aqueles remédios, lembro perfeitamente desse momento: estava na clínica, deitado na cama, quando liguei para a coordenadora do São Bernardo dizendo que aceitava a proposta deles. Ninguém sabia que eu estava internado, nem que eu tinha sido diagnosticado com uma severa depressão e que ainda precisaria terminar o tratamento contra a doença. Ninguém, nesse caso, incluía o pessoal do Pinheiros (onde eu estava treinando de favor até então), os dirigentes do São Bernardo (com os quais eu havia acabado de fechar um novo contrato) e meus patrocinadores.

Só disse à coordenadora que eu dava minha palavra, que estava tudo certo para começarmos os treinos na casa nova e que, assim que possível, assinaríamos toda a papelada necessária.

Sempre imaginei que minha carreira iria terminar no Rio de Janeiro, mais especificamente no Flamengo, e lá estava eu de volta ao ABC, onde nasci e dei os primeiros passos na ginástica. Às vezes a vida dá algumas voltas que a gente não consegue entender na hora. São voltas que te cobram humildade, resiliência e uma perseverança que você acha que não tem mais. Mais uma vez, no entanto, eu iria precisar de tudo isso.

Saí da clínica e assinei o contrato. Eu estava de casa nova, de clube novo, mas não imaginava que não teria um ginásio para treinar. A estrutura do centro de treinamento do São Bernardo já estava toda pronta, mas os equipamentos, que vinham da Alemanha, ainda não tinham chegado, e ninguém sabia dizer ao certo quando chegariam. Não havia nenhuma previsão. E, como eu tinha fechado com eles, o Pinheiros, concorrente direto do São Bernardo, obviamente não permitiu que eu continuasse a treinar lá.

De novo, eu estava sem um local para treinar. Então começou uma nova saga para conseguir um ginásio. Peguei o telefone, eu mesmo, e entrei em contato com vários outros clubes que tinham estrutura para ginastas profissionais. Ninguém, absolutamente ninguém topou abrigar nossa equipe de ginástica, mesmo sabendo que seria algo provisório. Não importava o que eu falasse, a resposta era sempre não. O único lugar que aceitou nos receber foi o Mesc (Movimento de Expansão Social Católica), um clube que também ficava na região de São Bernardo, mas que tinha um ginásio bastante aquém do necessário. Foi a única opção que restou.

Na verdade, aquele definitivamente não era um ginásio no padrão das competições internacionais. A aparelhagem, por exemplo, já estava muito defasada. Isso incluía o solo, meu principal aparelho. Desde 2013, já existia um novo sistema de molas para ele, mais moderno, que faz com que o risco de lesões para os atletas diminua muito. Por conta dessa nova aparelhagem, que é usada nos principais torneios, os atletas tiveram que adaptar todos os seus movimentos para o equipamento. No meu caso, não tinha como treinar essas adaptações. Mas era minha única alternativa, e eu estava fazendo como dava. Não tinha outro jeito.

Não adiantava me martirizar por isso nem me lamentar. Eu precisava seguir em frente como era possível naquele momento. Às vezes, você precisa aceitar os caminhos naturais que a vida te impõe sem questionar muito para não perder tempo e energia. Até conseguimos autorização para treinar em um ginásio profissional em Porto Alegre, mas os custos da viagem e da hospedagem eram muito altos, e não tivemos como fazer isso muitas vezes. Na medida do possível, fomos usando a aparelhagem antiga mesmo, para que eu conseguisse me preparar minimamente para o Campeonato Mundial, que ocorreria em outubro de 2014 na China.

Os equipamentos do São Bernardo acabaram chegando bem em cima da competição. Nesse momento, estávamos a um mês do embarque para o Mundial na China. Eu não saía daquele ginásio. Passei um mês inteiro ali dentro, tentando recuperar o tempo perdido, me adaptar aos aparelhos que usaria no Mundial. Mesmo sabendo que eu tinha sido escalado como segundo reserva da seleção brasileira, que só competiria caso dois ginastas se machucassem, dei o máximo que podia. Não sei nem de onde tirei forças, mas a gente se surpreende com a gente mesmo.

Essa, aliás, não era a primeira vez que me diziam que eu não era capaz, que eu não conseguiria. Quando eu tinha 14 anos – lembro tão bem disso! – um fisioterapeuta do Flamengo disse que eu não tinha nenhuma condição de ser ginasta por causa da minha coluna, de uma hérnia. Na época, minha mãe chorou muito, ficamos meio incrédulos com o futuro, mas fomos procurar outros médicos, e eles nos instruíram da forma correta para que eu continuasse treinando. É claro que mais tarde acabei operando, mas aquele diagnóstico não me impediu de ir atrás do meu sonho.

Desta vez, não era só meu sonho como atleta que estava em jogo. Eu precisava fazer isso por mim, para me recuperar, para voltar a acreditar no futuro, para driblar uma depressão severa que quase havia tirado minha vida. Queria muito voltar a ser aquele atleta que já tinha batalhado e conseguido conquistar tantos títulos. E eu, no fundo, sabia que ainda tinha condições de chegar lá novamente, apesar de não contar com a confiança de muita gente nesse sentido. Também queria representar muito bem meu novo clube e honrar o compromisso firmado com eles. Afinal, eles haviam acreditado em mim. Haviam estendido a mão quando eu mais precisava de ajuda e, o mais importante, quando eu mais precisava me sentir acolhido.

Talvez essa acolhida do São Bernardo tenha sido um dos fatores mais importantes na minha luta contra a depressão. Quando você sente que alguém ainda acredita em você, que alguém está disposto a batalhar junto com você, as coisas mudam de perspectiva. Você se dá conta de que não está sozinho. É como tomar uma latinha de bebida energética antes do treino, sabe? Você

CAPÍTULO 2 | BANCO DE RESERVA

ganha uma energia extra, recarrega as esperanças, tem novos motivos para continuar.

Brincadeiras à parte, muitas vezes uma palavra carinhosa, um gesto afetuoso, um abraço verdadeiro podem fazer toda a diferença para o outro. Fizeram para mim, pelo menos. Pouco a pouco, um dia depois do outro, fui recuperando a confiança em mim mesmo. Fui voltando a acreditar no meu esforço, no meu sonho de um dia ganhar uma medalha olímpica. Poucas pessoas ainda acreditavam nisso, mas era só delas que eu precisava naquele momento.

Fazia tudo, absolutamente tudo, que me pediam para fazer nos treinos. A equipe técnica era bastante exigente comigo, cobrava muito de mim, e eu conseguia enxergar, de verdade, que aquela cobrança só existia porque ainda acreditavam em mim, no meu potencial, no que eu ainda poderia render como atleta. Era disso que eu precisava: que as pessoas ainda acreditassem em mim, mesmo que nem mesmo eu acreditasse muito.

Esse processo não só me ajudou a me reerguer emocionalmente, mostrando que eu ainda podia voltar a confiar em mim mesmo, como também fez com que eu crescesse muito como atleta, nos treinos, no dia a dia, exigindo mais de mim.

Mesmo com todo mundo achando que eu não estava no mesmo nível técnico dos meus companheiros de equipe, que eu não tinha condições de ajudar a seleção brasileira, nem de brigar por uma medalha no Mundial de 2014, eu estava fazendo a minha parte da melhor forma possível. Não me comportava como reserva. Pelo contrário. Na minha cabeça, pelo menos, era como se eu fosse o atleta número 1 da seleção, como se eu estivesse indo para a minha última grande competição – apesar de saber que eu estava de fato no banco de reserva e que, ainda por cima, era o segundo reserva. Ou seja, com uma probabilidade abaixo de zero de eu poder brigar por uma medalha, de entrar na disputa desse Mundial, veio Deus, mais uma vez, para mostrar quão improvável pode ser o roteiro da nossa vida. Obrigado, Senhor.

Um dos atletas titulares da seleção brasileira de ginástica se machucou. E, por mais inacreditável que possa parecer, o primeiro reserva também teve uma lesão momentos antes da prova. A duas horas do início do Mundial de Ginástica Artística na China, fui avisado de que deixaria o banco de reservas e entraria no ginásio para competir. Sim, eu iria brigar novamente por uma medalha para o Brasil. Obrigado, Senhor.

Eu não estava acreditando. Na realidade, ninguém estava. Acho que ninguém imaginava que eu poderia conseguir algo. Todo mundo devia estar pensando: "Ele vai ali cumprir tabela e só". Só que eu já estava me sentindo vitorioso por tudo o que tinha passado poucos meses antes. Digo isso com toda a sinceridade do mundo: já era uma grande vitória estar ali de pé, competindo com o uniforme do Brasil em um Campeonato Mundial. Posso agradecer uma terceira vez? Obrigado, Senhor.

Fui um dos primeiros a chegar para o aquecimento, cumprimentei meus adversários com humildade, abracei minha irmã, que estava na torcida, e fiquei bastante concentrado até a hora da minha apresentação. Segui à risca tudo o que havia treinado, mas cometi uma falha. Na última aterrissagem, no último movimento da série, nos segundos finais, me desequilibrei e tive que dar um passo à frente. Ainda assim, saí do tablado com a cabeça

CAPÍTULO 2 | **BANCO DE RESERVA**

erguida, feliz, certo de que já havia alcançado mais uma conquista, talvez uma das mais importantes da minha carreira, por todo o contexto. Para minha surpresa, consegui uma nota bastante alta – 15,700 – e fiquei atrás apenas de dois atletas no *ranking* final, o russo Denis Ablyazin e o japonês Kenzo Shirai.

Mesmo desacreditado por tudo e por todos, tinha acabado de conquistar a medalha de bronze no solo e iria subir ao pódio entre os três melhores ginastas do mundo na categoria. Obrigado, meu Deus! Obrigado, meu Deus! Obrigado, meu Deus! Perdi a conta de quantas vezes repeti isso – e foi só o que consegui dizer naquele momento. Veio um filme na minha cabeça, com tudo o que eu havia passado tão pouco tempo atrás, com todas as dificuldades. Eu só conseguia agradecer. Tinha dado a volta por cima, estava de novo com uma medalha no peito. Mais que isso: o Brasil estava entre os melhores do mundo, e eu tinha chances, sim, de lutar por mais uma medalha na Olimpíada do Rio. Para mim, não restavam mais dúvidas. Se acreditamos em nós mesmos, no nosso potencial, e se nos empenhamos para alcançar nossos objetivos, os caminhos se abrem.

Nada é impossível nesta vida.

CAPÍTULO 3

UM ERRO ESTRATÉGICO

"Se você traçar metas absurdamente altas e falhar, seu fracasso estará acima do sucesso dos demais."

JAMES CAMERON

A o olhar para trás, percebo nitidamente que vamos ficando cada vez mais fortes à medida que certos desafios são vencidos. Quando você está ali no olho do furacão, no epicentro da confusão, é difícil enxergar isso com clareza, achar que vai dar certo, não se desesperar. Mas depois tudo clareia. Tudo. Falo isto com a maior convicção: tudo o que passei antes dessa depressão que quase tirou a minha vida foi fundamental para que eu conseguisse enxergar os caminhos que deveria tomar para vencê-la – sobretudo os caminhos que deveria tomar para superar mais esse desafio de conquistar a medalha olímpica.

A Olimpíada de Londres, em 2012, foi uma dessas provas que a vida coloca diante da gente – e nos deixa mais fortes para seguir adiante. Menos de um ano antes dos Jogos, apesar de eu estar com a vaga garantida por causa da minha colocação (terceiro lugar) no Mundial anterior, fui convocado para participar da etapa classificatória, na França. Estávamos bem no finalzinho de 2011, e, como a equipe brasileira não tinha conseguido se classificar para Londres, a ideia era que eu reforçasse o time para buscar os pontos necessários para irmos à Olimpíada como equipe, com todo mundo brigando junto na prova. Eu poderia ter optado por me poupar, evitando assim qualquer risco desnecessário de lesão, mas isso nem passou pela minha cabeça. Precisava estar lá e, acima de tudo, queria estar lá com meus companheiros. Afinal, se conseguíssemos a classificação por equipe, eu teria mais uma chance de medalha. Não só isso: o Brasil também teria mais uma chance de medalha.

Só tinha um problema: nessa época, eu estava passando por um período bastante crítico do ponto de vista físico. Meu ombro estava muito ruim, dando sinais de que havia algo errado, de que em alguma hora ele não aguentaria mais. Já estava pedindo arrego.

Não deu outra. Na França, quando já estávamos concentrados, ele acabou saindo do lugar durante um dos treinos preparatórios. Eu me lembro muito bem da cena, do tombo todo. Até hoje aquelas imagens vêm em câmera lenta na minha cabeça. Caí de nuca no tablado, no meio de um movimento, estatelado no chão. E ali fiquei, sem forças para levantar. Não teve jeito de continuar a treinar, muito menos de competir.

O problema no meu ombro, na verdade, já tinha começado bem antes disso, mas optamos por não operar por duas razões muito óbvias para mim. Primeiro, porque eu queria ajudar a equipe a se classificar e, se operasse, não poderia viajar com o time brasileiro para a França. Segundo, porque eu teria que perder seis meses de treino para me recuperar da cirurgia. Estávamos às vésperas da Olimpíada de 2012, a meses da prova para a qual eu havia me preparado durante toda a minha vida. Na minha cabeça, eu não poderia perder todo esse tempo, não a tão pouco tempo de Londres.

CAPÍTULO 3 | **UM ERRO ESTRATÉGICO**

Além disso, como eu já havia feito uma cirurgia no ombro antes, sabia muito bem como esse pós-operatório era sofrido, especialmente nessa região. Se você parar para pensar tecnicamente, não existe um movimento que não dependa do ombro dentro da ginástica. A cirurgia do ombro não foi a mais grave que encarei, mas havia sido a reabilitação mais difícil e mais sofrida. Demorou muito tempo para que eu recuperasse por completo a fluidez dos movimentos após minha primeira cirurgia do ombro, em 2010.

Assim, quando o ombro saiu do lugar naquele treino, isso já me fez entrar em 2012 ressabiado, sabendo que eu não estava cem por cento fisicamente, que teria mais esse desafio para superar. O ombro, na verdade, se somava a uma série de lesões que eu estava administrando e tratando fazia tempo. Para você ter uma ideia, pouco antes disso eu tinha sofrido uma ruptura da cartilagem do joelho e rompido os ligamentos do bíceps pela segunda vez (a primeira foi em 2009).

Apesar de não ter conseguido participar da etapa de classificação por equipes, aos poucos fui voltando a treinar daquele jeito mesmo, fazendo em paralelo todos os exercícios e tratamentos de fortalecimento possíveis para ajudar a melhorar o ombro e as outras lesões. Fizemos tudo o que podia ser feito para que eu não precisasse entrar numa mesa de cirurgia tão perto da Olimpíada de Londres. Apesar de ainda doer muito na hora de executar os movimentos, principalmente na hora de dar o impulso para as piruetas, com o tempo o ombro parou de sair do lugar, e comecei a achar que tudo iria caminhar bem. Estava enganado.

A três meses dos Jogos, eu me machuquei de novo. Estava treinando normalmente, fazendo minha série de solo, e, na hora em que aterrissei, ao final de mais uma acrobacia, cheguei ao tatame com o corpo ainda em pirueta. Meu pé agarrou o chão, e senti uma travada no joelho. Uma dor muito forte. Eu sabia que algo havia acontecido, mas não queria acreditar. Não era possível, não era a hora para isso. Não podia ser.

Veio o diagnóstico: eu tinha acabado de lesionar o menisco. Nesse caso, não havia outra saída que não fosse operar. Perguntei a todos os médicos se havia outra solução, se não poderia operar só depois da Olimpíada, mas todos foram taxativos: se eu não operasse, não teria chance nenhuma de voltar ao tablado. Fiquei quase um mês parado, sem treinar, sem fazer nada, só me recuperando. Quando voltei aos treinos para a Olimpíada, faltavam apenas dois meses – isso mesmo, dois meses – para embarcar para Londres.

Você deve estar imaginando que, depois de tanto problema, tudo só poderia terminar bem. Quem me dera. Não foi o que aconteceu. Duas semanas depois de voltar aos treinos, me lesionei mais uma vez. Lembro direitinho desse dia porque deu um estalo muito grande no meu pé esquerdo, e achei que tivesse sido algo muito grave. Depois de fazer todos os exames, vimos que eu estava com uma ruptura parcial na fáscia plantar, um tecido preso ao osso do calcanhar. Eu deveria ter ficado mais uns dois meses sem treinar por causa disso, mas eu não tinha esse tempo.

Foi de fato desesperador. Eu sabia que a Olimpíada estava chegando e eu não podia fazer nada. Meus médicos, mais uma vez, foram taxativos: se eu não parasse por pelo menos duas

CAPÍTULO 3 | UM ERRO ESTRATÉGICO

43

semanas e tentasse voltar antes, poderia ser ainda pior. As lesões poderiam ficar ainda mais graves. E eu poderia nem embarcar para Londres. Imagine meu desespero!

Diante disso, parei durante duas semanas e fiz alguns tratamentos intensos, tudo para voltar logo a treinar. Mas a verdade é que eu estava um caco, muito machucado, todo quebrado, tentando me recuperar de diversas lesões ao mesmo tempo e sem conseguir me recuperar de nenhuma delas direito. É como aquele velho ditado: quem tudo quer nada tem. Eu aparentava estar calmo, tranquilo, mas isso tudo era o que eu queria mostrar para as pessoas, porque eu sabia que meu corpo estava no limite – ou melhor, que já tinha passado dele.

Quando voltei, a um mês e meio da Olimpíada, voltei com tudo. Estava disposto a ganhar ou ganhar. Não passava pela minha cabeça desistir, não naquele momento, depois de toda uma vida dedicada ao esporte.

Só que, até você ganhar confiança de novo, sobretudo confiança de que não vai se machucar mais uma vez, demora. Eu corria na praia para ganhar condicionamento físico, mas meu pé ainda doía. Passei então a pedalar. Fazia o que dava, estava totalmente dedicado e comprometido com minha recuperação. Quando vi que teria um mês de treino, pensei: vai dar tempo, eu vou conseguir, sim.

Não tinha mais nada que pudesse dar errado, certo? Na verdade, tinha. Falo disso brincando hoje em dia, mas na época fiquei realmente desesperado. Um mês antes dos Jogos Olímpicos, viajamos para a cidade de Ghent, na Bélgica, e ficamos lá por cerca de doze dias para fazer a aclimatação para Londres, já que o fuso horário das duas cidades era parecido. Logo num dos primeiros treinos, mais uma bomba: tive um edema ósseo no pé, bem no tálus, um dos ossos do tornozelo. Para piorar, era no mesmo pé que, dois meses antes, tinha sofrido uma ruptura na fáscia plantar. Doía muito, uma dor absurda.

A verdade, como eu já disse, é que eu não estava me recuperando cem por cento de nenhuma das minhas lesões. Resultado: eu voltava a treinar e me machucava de novo. Ou era uma lesão antiga, que se agravava ainda mais e ficava cada vez pior, ou era uma lesão completamente nova que surgia, porque a tendência é você compensar nos outros membros, forçando-os muito mais.

Em nenhum momento, nesse período pré-Londres, consegui fazer a recuperação necessária para sanar totalmente cada um desses traumas. Mas eu não tinha escolha. Se fosse para encarar a recuperação completa, pelo tempo correto, provavelmente eu nem iria para Londres. Estaria de fora da Olimpíada, vendo os jogos do sofá de casa, da maca do fisioterapeuta ou de algum consultório médico.

Assim, mais uma vez, parei por volta de uma semana, por causa do edema ósseo no pé, e voltei, mesmo com o pé doendo muito ainda. Um detalhe importante: só consegui voltar porque estava à base de muitos remédios, principalmente analgésicos, que me ajudavam a suportar toda aquela dor. Apesar de estar muito bem condicionado do ponto de vista físico, de estar magro e forte, eu não estava mais conseguindo dar o meu máximo nos treinos, sobretudo por causa dessa última lesão.

A três semanas do início dos Jogos, embarcamos finalmente para Londres. Eu tinha consciência de que estava fazendo tudo

CAPÍTULO 3 | **UM ERRO ESTRATÉGICO**

o que podia, dentro das minhas limitações, e cheguei realmente esperançoso, achando que tudo daria certo. No entanto, minha expectativa foi bem diferente da realidade. Faltava uma semana para a competição – isso mesmo, exatos sete dias para a minha prova – e adivinhem? Sofri a mesma lesão no outro pé.

Sim, lá estava eu, em Londres, com um novo edema ósseo. Bem no pé que, em tese, ainda estava bom. Sério, contando assim parece completamente improvável que alguém tenha essa quantidade de lesões num período tão curto, mas, no esporte de alto rendimento, isso é bem mais comum do que as pessoas imaginam. Só que esse edema acabou sendo de fato grave, bem mais grave que o outro. Eu não conseguia andar, não conseguia nem colocar o pé no chão nem encostar nele, que doía muito. Eu queria que tudo desse certo, mas parecia que tudo estava dando errado.

Fiquei um dia inteiro sem andar, sem treinar, só fazendo fisioterapia lá em Londres. Era uma situação angustiante, porque o tempo estava passando, todo mundo estava treinando, e eu ali, ainda tentando me recuperar. Doía muito, mesmo com todos os remédios que eu já estava tomando. A impressão que tenho é que meu corpo já estava saturado dos analgésicos, porque, mesmo aumentando a dose, nada mais surtia efeito. As dores não cessavam. Chegou a um ponto que eram 24 horas por dia sentindo dor.

Eu acordava de noite chorando de dor. Não aguentava mais, mas essa tinha sido a minha escolha, e não ia desistir naquele momento, tão perto. Mudamos a medicação – passei a tomar remédios mais fortes –, e fui para o treinamento oficial. Esse treinamento acontece cerca de três dias antes da prova, para que todos os atletas conheçam o equipamento olímpico e façam os últimos ajustes nas suas apresentações.

Para minha surpresa, e acho que de todo mundo também, dos outros atletas e da comissão técnica que vinha acompanhando aquela epopeia de lesões, os dias parados, as sessões de fisioterapia e uma avalanche de remédios, consegui fazer minha série toda, inteirinha, do início ao fim. Eu me lembro até de ter recebido elogios dos treinadores pela execução dos movimentos. Fiz tudo o que havíamos treinado, certinho. Não errei nada, não dei um passo em falso. Cravei cada acrobacia, cada manobra no chão. Não conseguia nem acreditar. Até que enfim estava dando tudo certo. Obrigado, meu Deus. Para ir bem naquele treino, dei o meu máximo, em todos os sentidos, físico, técnico e emocional. Não sei nem de onde tirei forças.

O que eu não poderia imaginar é que eu estava acabando com a única oportunidade que teria de brigar por uma medalha em Londres.

CAPÍTULO 4

DE CARA NO CHÃO

"A vida é melhor para aqueles que fazem o possível para ter o melhor."

JOHN WOODEN

Na ânsia de fazer um bom treino, de provar para mim mesmo que eu ia conseguir, de mostrar para todo mundo que nada daquilo tinha sido em vão, acabei agravando ainda mais a lesão no pé. Isso aconteceu a exatos três dias do início das provas da ginástica nos Jogos de Londres. Três dias, pois é. Não restava mais muito tempo até a hora de entrar oficialmente no tablado. Fiquei desesperado. Não sabia mais o que fazer. Era muita, muita dor. Só eu sei o que estava passando, mas não queria mais dar trabalho para ninguém, depois de tudo o que já tinha acontecido.

Por dentro, eu estava muito chateado, mas tentava não demonstrar. Nem para minha família, nem para os outros ginastas, nem para os treinadores. Pelo contrário, toda a equipe já estava bastante nervosa. Alguns atletas estavam indo pela primeira vez para uma Olimpíada, e eu era o mais experiente ali. Era a pessoa que entrava em campo para tentar acalmar todo mundo com uma palavra de conforto. Essa era minha segunda Olimpíada, então eu já sabia como muitas coisas funcionavam.

No fundo, as pessoas provavelmente sabiam que eu não estava bem de fato. Muitos ali me conheciam fazia bastante tempo, já tinham convivido comigo em diversos centros de treinamento e em etapas de mundiais. Eles podiam ver, perceber, até sentir que tinha algo errado comigo. A gente tinha, em geral, dois treinos por dia, e eu ia fazendo apenas o que conseguia. Eu estava tentando me poupar, tentando fazer com que aquela dor não piorasse. Todo mundo via isso, mas, sempre que alguém perguntava se estava tudo bem, eu tentava minimizar o problema. A resposta padrão era "sim".

Até porque não tinha como alguém dizer: "Diego, você não vai competir". Minha vaga estava atrelada à minha classificação no último Mundial, ou seja, se eu desistisse, não entraria ninguém no meu lugar, não existia um reserva nesse caso. Se eu desistisse, era menos um atleta competindo pelo Brasil. Mas isso nem passava pela minha cabeça, pelo contrário. Não era nem uma possibilidade, após todo aquele sacrifício para chegar ali. Eu só saberia se ia conseguir ou não se desse minha cara a tapa. Estava ali para o tudo ou nada. Não me importava se iria sair com o pé fraturado, ou até mesmo sem pé; eu estaria naquele ginásio de qualquer jeito, em busca de uma medalha olímpica.

E foi exatamente o que fiz. Minutos antes de entrar no ginásio para competir – minutos mesmo, tipo coisa de dez minutos antes –, fizemos algumas injeções de xilocaína no meu pé, um tipo de medicamento que funciona como um anestésico e que é permitido nas competições. Tudo na tentativa de minimizar a dor que eu já estava sentindo e que beirava o insuportável. Só que as injeções surtiram pouquíssimo efeito. Não passou nem metade da dor, e não havia mais nada a ser feito. A gente já tinha tentado tudo, tudo mesmo, o que era possível naquele momento. Eu sabia disso, os treinadores e a comissão técnica também.

CAPÍTULO 4 | DE CARA NO CHÃO

Agora era só me concentrar e torcer para dar tudo certo. Só que, quando me dei conta de que a dor não havia passado, fiquei muito preocupado, muito receoso, inseguro, e, mais uma vez, tentei não demonstrar. Agi com naturalidade, como se estivesse tudo na mais perfeita ordem, sem expressar nervosismo nem qualquer receio de que as coisas poderiam dar algo errado.

De maneira geral, somos criados acreditando que não podemos ter medo, que o medo é algo feio, que demonstra fragilidade, principalmente entre os homens. Quantas vezes você já ouviu: "Não precisa ter medo de tal coisa!"? Aí eu pergunto: por que não podemos ter medo? Porque o medo está associado à fragilidade? Se a gente aprendesse desde cedo a lidar com o medo, sofreríamos muito menos. Eu acredito que o medo, em determinados momentos, pode até ajudar. Só precisamos saber como lidar com ele desde cedo, e não sentir medo do medo.

Abri minha série em Londres com um twist carpado, todo certinho, perfeito. Respirei fundo, aliviado. Tinha conseguido executar a primeira manobra, mesmo com toda aquela dor. A euforia não durou muito. Logo no segundo salto não atingi a altura necessária. Revendo os vídeos depois, deu para perceber que não coloquei toda a força necessária naquele salto, talvez por receio de agravar a situação do meu pé logo no início da série. Como consequência, não consegui completar a rotação do corpo da forma correta e fiquei inclinado a uma pequena distância do solo. Meus pés bateram no chão, acabei me inclinando ainda mais para a frente e perdi o equilíbrio. Caí. Só que não foi qualquer queda. Eu caí de cara no chão. Isso mesmo: literalmente de cara no chão. Estava na frente de todos os outros atletas, das câmeras do mundo todo, de milhões de pessoas que acompanhavam os Jogos Olímpicos, da minha família, dos meus treinadores, dos meus amigos. Sinceramente, não desejo isso para ninguém. Nunca, na minha vida, em nenhum torneio, em nenhum treino, eu havia caído de cara no chão, e fui cair logo em uma Olimpíada.

Naquele momento, tudo o que eu queria era sumir dali, desaparecer daquele ginásio, sair correndo. A vontade que senti foi de desistir de tudo, levantar, virar de costas e correr, correr, correr o mais rápido possível, sem precisar falar com ninguém. Eu estava me sentindo praticamente um criminoso. Era como se eu tivesse feito mal a alguém, sabe? Porque, no fundo, não era só o Diego que estava ali, com a cara estatelada no chão. Eu não queria uma medalha só para mim. Quando um atleta vai competir, é o trabalho de várias pessoas que está em jogo. Eu queria ir bem não só por mim, mas pelo meu técnico, pela seleção, pela Confederação, pelos patrocinadores que haviam investido em mim, por todos os que haviam acreditado e trabalhado junto comigo para que eu estivesse ali. Todas aquelas pessoas, de certa forma, faziam parte daquela história, e eu caí, eu os decepcionei. Mais uma vez, eu não tinha conseguido retribuir às pessoas toda a esperança que elas haviam depositado em mim.

Fiquei tão atordoado na hora que esqueci até da dor no pé. Segui com minha série, dei uma vacilada na terceira acrobacia também, fiz a quarta normalmente e acertei a quinta. Quando acabei minha apresentação, eu estava completamente destruído por dentro. Tantas pessoas tinham me acompanhado e acreditado em mim... Eu queria muito ir bem, mas, quando caí, várias pessoas caíram comigo. Desculpe repetir isso, mas foi algo que me marcou muito naquele momento. Se você assistir ao vídeo daquele dia, vai notar minha expressão de desolamento ao final da apresentação.

Prestes a dar a primeira entrevista, eu só pensava em como iria me desculpar. Lembro até hoje o que eu disse: "Só tenho que pedir, mais uma vez, desculpas pelo meu fracasso. Essa não era a imagem que queria passar. Quero pedir desculpas a todos os que torceram por mim, aos patrocinadores, à Confederação. Não competi bem por erros meus. Não sei se entrei desconcentrado, mas estou muito decepcionado comigo mesmo".

Não, meu problema não foi falta de concentração. Não mesmo. Longe disso. Também não "amarelei", como dei a entender ali na frente dos repórteres, nas imagens que iriam rodar pelo meu país, pelo mundo todo. Eu caí porque tentei, porque fiz o máximo que pude fazer naquele momento, porque meu corpo não estava mais respondendo, porque eu estava um caco de tão machucado.

Como eu não gostava de falar "falhei por causa disso ou por causa daquilo", acabei sendo muito duro comigo mesmo nas minhas palavras e me coloquei ainda mais para baixo. Talvez tenha feito isso porque, como já imaginava que as pessoas iriam me criticar, eu já me criticava antes. Eu mesmo já acabava comigo para não dar chance de ninguém fazer isso. Só depois fui entender isso, mas aquela foi uma forma de autodefesa que encontrei. Uma autodefesa bem cruel comigo mesmo. Mas era melhor ouvir de mim mesmo do que de outras pessoas.

Por mais que houvesse muitas pessoas ali ao meu redor – comissão técnica, companheiros de equipe, minha família –

e por mais que todo mundo estivesse me apoiando, eu me senti muito sozinho naquele momento. Não sabia o que fazer, como reagir. Não foi uma situação fácil, nem como atleta, nem como indivíduo, porque eu sabia como as pessoas estavam depositando em mim a esperança de conquistar uma medalha olímpica na ginástica para o Brasil.

Por tudo isso, devo dizer que foi uma felicidade muito grande ver o Arthur Zanetti subir ao pódio para receber a medalha de ouro nas argolas. E digo isso de forma genuína. Além de estar orgulhoso dele, feliz por ele, pelo amigo, pelo atleta, pelo companheiro de equipe, no momento em que ele conseguiu ser medalhista olímpico, tirou um peso muito grande das minhas costas. Lembro, exatamente, o que passou na minha cabeça: "Graças a Deus alguém na ginástica deu essa alegria para nosso país. Ele conseguiu realizar meu sonho e o de tantas pessoas". Eu estava triste, claro, mas me senti mais leve ali, parcialmente aliviado ao menos.

Todo mundo pensou que, depois da Olimpíada de Londres, eu fosse parar. É claro que dá para entender por que as pessoas imaginaram isso – afinal, foram duas quedas consecutivas em dois Jogos Olímpicos, um seguido do outro. Mas, na minha cabeça, essa não era uma opção. Veio um filme com tudo o que eu já tinha feito na vida, tudo o que já tinha passado, e eu não poderia desistir do meu sonho assim tão facilmente. Ou melhor, assim desse jeito. Eu tinha dois motivos muito claros para isso. Primeiro, eu queria muito ser medalhista olímpico. E, mais que isso, eu não queria encerrar minha carreira caindo de cara.

CAPÍTULO 5

A PRIMEIRA QUEDA OLÍMPICA

"Ter sucesso é falhar repetidas vezes, mas sem perder o entusiasmo."

WINSTON CHURCHILL

Por mais que eu tivesse caído de cara em Londres, a queda em Pequim, quatro anos antes, foi muito mais dolorida. Senti como se eu tivesse caído do alto de um prédio. Simbolicamente, pelo menos. Quando fui para a China, nos Jogos Olímpicos de 2008, eu tinha certeza absoluta de que ganharia uma medalha. Mesmo sendo minha primeira Olimpíada, eu acreditava que não tinha como perder. Na minha cabeça, não havia nada que pudesse dar errado. Agora, pergunto: como eu poderia ter tanta certeza de algo que ainda não tinha acontecido? Ainda mais num esporte em que, como você sabe, qualquer mínimo detalhe pode ser crucial, tanto para o bem quanto para o mal. Tanto para vencer quanto para perder. Quando olho para trás, vejo quanto fui prepotente naquele momento.

A verdade é que eu estava muito confiante por causa dos campeonatos anteriores e de uma sequência de vitórias, medalhas e bons resultados. Fui campeão mundial no solo em 2005. Em 2006, fiquei com a sensação de ter sido prejudicado pelos jurados e acabei levando apenas a prata no Mundial. Vinha numa maré tão boa que conquistei o bicampeonato mundial em 2007 e, em 2008, já na Olimpíada de Pequim, me classifiquei em primeiro lugar para a final no primeiro dia de provas. Eu era o melhor do mundo no solo. Ou pelo menos era isso que passava pela minha cabeça. O que poderia dar errado?

Nunca imaginei que não seria campeão olímpico na China. Mesmo não indo bem, no mínimo eu sairia com uma medalha. Na pior das hipóteses, uma prata. Na pior da pior das hipóteses, um bronze. Tinha certeza de que estaria no pódio. Mais uma vez, quanta prepotência a minha. No dia da final, fiz uma série maravilhosa, perfeita até o momento da última acrobacia, quando caí sentado, de bunda no chão.

Aquela queda parecia tão irreal que durante uns dois segundos eu fiquei imóvel, sem reação, sem saber o que fazer, para onde ir, para quem olhar. Esses dois segundos, pelo menos para mim, duraram uma eternidade. Toda aquela autoconfiança que eu estava sentindo desceu pelo ralo no exato momento em que me vi no chão. Que eu me lembre, eu só tinha caído assim, fazendo um duplo twist carpado durante um campeonato, quando tinha 15 anos. Foi na primeira vez em que competi com a seleção adulta, durante um torneio na Ucrânia. Aquela era uma acrobacia que eu estava mais do que acostumado a fazer, sem nenhuma dificuldade, mas algo ali saiu do meu controle e, dessa vez, não teve nada a ver com a questão física ou técnica.

Eu estava no meu ápice como atleta. Tinha 20 anos – nem era tão novo –, e tudo era uma grande novidade para mim. Graças a essas vitórias todas, e na iminência de ir para minha primeira Olimpíada, eu era apontado como o favorito. Em função disso, havia me tornado uma pessoa muito conhecida, algo que nunca imaginei e que eu nunca tinha buscado diretamente. A fama

CAPÍTULO 5 | A PRIMEIRA QUEDA OLÍMPICA

proporciona coisas inimagináveis que, no meu caso, eu nunca teria tido de outra forma.

As pessoas me tratavam bem, me bajulavam, me agradavam; era convite para tudo, presentinho aqui e ali. Era gravação, entrevista, reportagem, queriam saber tudo da minha vida, da minha rotina, dos meus gostos. Um belo dia, veja bem, me levaram para conhecer a Xuxa, como se fosse algo corriqueiro ir ali bater um papo com ela. Sentei na frente dela e não sabia nem o que dizer, o que perguntar. Se não fosse a Xuxa puxar assunto, eu teria ficado ali, paralisado, olhando para ela, sem acreditar onde e com quem estava.

Quando me dei conta, eu tinha virado uma celebridade. Ou pelo menos achava que era uma. Estava deslumbrado. O grande problema é que, naquele período, passei a me comportar como uma celebridade, e não como um atleta que estava em busca de um ouro olímpico. Hoje, olhando para trás, consigo ver com bastante clareza que um de meus erros cruciais foi exatamente este: acreditar nessa fama. Acreditar que ela me levaria a algum lugar. Aliás, poderia até levar, mas não era a esse lugar que eu queria chegar. Isso ainda ficaria bem claro mais adiante, mas precisei tomar um tombo antes.

A questão não foi falta de treino nem de preparo físico para Pequim, nada disso. Eu estava na minha melhor fase como atleta. Mas talvez tenha sobrado uma dose bem elevada de autoconfiança, e isso só fez com que aquela queda fosse ainda mais dolorosa. Não seria a pior queda da minha carreira, mas, como disse, foi a mais traumática, talvez por pura vaidade minha. Como eu havia me tornado uma pessoa pública, passei a me importar muito com o que falavam de mim.

Eu lia tudo, absolutamente tudo, o que saía na imprensa e ficava preocupado de verdade com cada linha, com cada parágrafo, com cada comentário que envolvesse meu nome, com a repercussão de cada matéria. No fundo, eram coisas que não tinham nenhuma importância para o Diego como atleta, mas eu de fato comecei a valorizar muito esse tipo de coisa. E isso tomava tempo, me deixava disperso. Eu ficava mal quando algo não saía como o planejado, ou como eu achava que deveria ser.

Ter que lidar com toda essa exposição – da forma como eu lidava – me cansava mais do que qualquer treino. Talvez porque eu tentasse passar, a todo tempo, aquela imagem de excelência, de vitorioso, de invencível. Foi como se eu tivesse construído um personagem ali, do superatleta, e precisasse alimentá-lo. Para isso, estava presente em tudo. Tudo quanto era evento, festa, reunião de amigos, programa de TV, não importava a emissora, o horário. Até se fosse de madrugada, lá ia eu. Não negava convite para nada. Se me chamassem para inauguração de coreto ou de pracinha em cidade de interior, lá estava o Diego Hypolito. Se me chamassem para abertura de padaria, loteria ou o que quer que fosse, lá estava eu também. Acabava sobrecarregado com essa jornada dupla. Era meio expediente como atleta e meio expediente como atleta-celebridade.

É claro que a idade foi um fator decisivo nessa fase. Eu era jovem, também queria me divertir, encontrar meus amigos. Durante a semana, eu sempre ficava mais concentrado, por causa da intensidade dos treinos mesmo, mas no fim de semana não tinha nada que me fizesse ficar parado. Saía do ginásio no sábado e já ia direto para a praia; depois, encontrava alguém para almoçar,

CAPÍTULO 5 | **A PRIMEIRA QUEDA OLÍMPICA**

marcava com outra pessoa logo na sequência, ia de um lugar para o outro o dia inteiro, sem parar. Eu não tinha um minuto sequer de calmaria, de descanso, de repouso na minha própria casa, e achava tudo isso muito sedutor. De certa forma, isso contribuiu ainda mais para que eu chegasse a Pequim tão autoconfiante, tão certo de que sairia de lá com uma medalha olímpica no peito.

Só que, quando eu caí, quando perdi a chance de vencer a Olimpíada, vi que meu sonho não era ser uma celebridade. Ficou muito claro que meu grande sonho da vida era ser um campeão olímpico, de tanto que sofri com aquela queda. Durante um mês, acho que chorei todos os dias por causa daquilo, muito, muito, muito. Não na frente das pessoas, na rua, porque ainda estava apegado à minha imagem. Só que, quando estava sozinho, em casa, ou com a minha família, eu desmoronava. Se alguém chegasse e me abraçasse, eu chorava. Se alguém falasse algo bonito, eu chorava. Tive um mês muito difícil depois de Pequim, mas fundamental para que eu pensasse comigo mesmo: "Isso é meu sonho, é para isso que cheguei até aqui".

No fundo, fiquei muito envergonhado diante daquelas pessoas todas que me acompanhavam, torciam por mim, acreditavam que eu seria campeão em Pequim. É claro que todo mundo ali, todos os atletas, estavam sujeitos a um erro, uma queda, uma falha; isso faz parte de qualquer esporte. É tão natural perder quanto ganhar. Aliás, pelas estatísticas, é muito mais natural perder do que ganhar. Mas eu não conseguia enxergar por esse lado, de forma tão pragmática quanto deveria. Eu só pensava: "Como eu pude ter errado?"; "Como eu pude ter decepcionado tanta gente?"; "Como eu pude ter deixado tantas pessoas tristes?"

Esses eram meus pensamentos naquele momento, talvez muito influenciado também pelas coisas que eu ia lendo na imprensa, nos blogs, nas redes sociais. Nessa época, como disse, eu lia tudo que saía sobre mim, e sofria com cada vírgula.

Tenho a sensação de que as pessoas não têm filtro na internet. Não se importam com o outro – ou se importam muito menos. Dizem qualquer coisa, sem se dar conta de que alguém vai ler aquele comentário. Muita gente fica ali blindado pela tela do computador, se achando no direito de insultar, ofender, magoar, dar opinião, se meter na vida dos outros com propriedade. É um ambiente muito cruel, ainda mais para quem está do outro lado, lendo tudo, como era exatamente o meu caso.

Um comentário, em especial, sobre um atleta brasileiro paraolímpico que havia conquistado uma medalha, me marcou muito. Um internauta escreveu em uma rede social algo como "fulano, sem condições, sem isso e sem aquilo, ganhou uma medalha olímpica. Já o Diego Hypolito, com todas as condições, caiu sentado". Isso doeu muito em mim. Foi uma facada no meu peito. De fato, eu tinha recebido o apoio de muita gente e, mesmo assim, caí no meio da prova. Mas não foi de propósito, juro, por tudo o que é mais sagrado. Muito pelo contrário. Estar ali, numa Olimpíada, era um sonho para mim, era fruto de uma vida inteira de dedicação ao esporte, e eu queria muito conquistar uma medalha olímpica. Tinha certeza de que conseguiria, mas não foi daquela vez. Falhei.

No entanto, embora eu tenha falhado, eu sabia que não era um fracassado.

CAPÍTULO 6

CAIXA DE FÓSFORO

"Não tente ser uma pessoa de sucesso. Em vez disso, seja uma pessoa de valor."

ALBERT EINSTEIN

A queda em Pequim me fez amadurecer muito, e de uma forma bastante dura, porque foi um tombo bem alto. Foi alto até mesmo para quem já tinha caído e levantado diversas outras vezes durante a vida. Na verdade, estou acostumado a cair desde os 7 anos, quando comecei na ginástica por influência da minha irmã, Daniele, que treinava em um clube perto de casa, o Sesi de Santo André, em São Paulo. Mas, quando eu falo dessas quedas, não estou me referindo somente às quedas dos aparelhos ou das acrobacias em cima do tablado.

Entrei na ginástica completamente por acaso. Eu acabava indo para o clube junto com minha irmã e minha mãe. Ia com elas porque era muito pequeno e não tinha com quem ficar em casa. Bem no início, eu esperava na arquibancada com minha mãe. Aos poucos, comecei a me meter ali, a participar do aquecimento, ficava imitando minha irmã e tudo o que ela fazia. Com essa brincadeira, de ficar vendo a Dani treinar, comecei a pegar o jeito, os movimentos, as sequências de exercícios. Eu via as séries que os treinadores passavam e conseguia fazer tudo, direitinho, sem dificuldade nenhuma. Com 7 anos eu já dava mortal de costas no chão, algo completamente incomum para uma criança dessa idade. Depois de alguns meses acompanhando as duas nessa rotina, vi que realmente gostava daquilo, mas para mim tudo ainda era uma grande brincadeira.

Para a minha irmã, não. Ela já havia conquistado alguns campeonatos infantis e era apontada como uma promessa da ginástica. Foi então que veio o convite da técnica Georgette Vidor para ela treinar no Flamengo, no Rio de Janeiro. Ela tinha 10 anos, e eu, 8. Como ela era menor de idade, o convite incluiu a família toda, e lá fomos nós, em busca também de uma vida melhor. Nessa época, minha mãe, a dona Geni, trabalhava como manicure, pedicure e cabeleireira, fazendo esses serviços dentro de casa enquanto, ao mesmo tempo, cuidava dos filhos, Edson, Dani e eu, o caçula. Era uma forma de reforçar o orçamento familiar. Meu pai, o seu Wagner, era motorista em uma empresa multinacional de pneus. Tínhamos uma vida bem modesta.

Não tínhamos nenhum luxo, e não sobrava dinheiro no fim do mês, mas eu e meus irmãos sempre tivemos tudo de que precisamos nessa idade. Tínhamos casa, comida e roupa lavada. Nossa casa, aliás, era toda direitinha, montada com tudo. Tínhamos sempre festa de aniversário, por exemplo. Nunca faltava um bolo para cantar parabéns com a família e alguns amiguinhos em casa. Uma vez por mês, em geral num domingo, nós nos arrumávamos e saíamos para comer fora em algum restaurante. Fazíamos programas em família. Era uma rotina humilde, sim, mas lembro com muita felicidade dessa época da minha infância.

Quando veio a proposta do Flamengo, ficou combinado que, além do salário da Dani, teríamos uma ajuda de custo e

CAPÍTULO 6 | **CAIXA DE FÓSFORO**

um apartamento para morar sem pagar aluguel, além de escola, tudo bancado pelo Flamengo. Eles garantiram também – embora não tivessem incluído essa informação no contrato – que iam conseguir um emprego novo para meu pai, que ele poderia pedir demissão sem se preocupar. Meus pais fizeram as contas e viram que, com essa estrutura, a gente teria uma vida boa no Rio. Parecia um sonho para todos nós. Estávamos indo para a cidade grande, íamos melhorar de vida.

Ainda assim, era uma decisão delicada para meus pais, uma mudança grande, de emprego, de colégio, de cidade. Mas eles acreditaram nesse sonho, no sonho da minha irmã de virar atleta, numa vida melhor para os filhos, e decidiram apostar. Então meu pai pediu as contas. Lembro muito bem: ele recebeu 33 mil reais de rescisão trabalhista na época, comprou um carro novo, porque também teria um emprego novo, e fomos todos para o Rio de Janeiro, de mala e cuia, em 1994.

Só que o emprego prometido para o meu pai nunca se tornou realidade. Para agravar a situação, o Flamengo muitas vezes passava meses sem pagar o salário da Dani e sem repassar a ajuda de custo – chegamos a ficar até seis meses sem receber nada. Todas aquelas promessas foram ficando pelo caminho, e a gente não sabia muito bem como cobrar isso, como reivindicar do clube. Ficamos de mãos atadas, porque estávamos todos ali em busca do sonho da Dani e de uma vida melhor para a família toda. A verdade é que vivemos um período financeiro muito difícil.

Meu pai, no entanto, não se abatia, dava o jeito que podia. Ele começou a vender livros no sinal de trânsito, fazia um bico aqui e outro ali. Durante um tempo, também trabalhou como manobrista na frente de uma academia de ginástica, estacionando os carros dos alunos que iam malhar. Aquilo que ele ganhava de gorjeta era tudo o que a gente tinha para sobreviver. Se ele ganhasse 10 reais, aquilo era o que a gente tinha de dinheiro para comprar comida no dia. Se não ganhasse nada, não tínhamos o que comer naquele dia.

Sendo sincero, foram poucos os dias em que a gente de fato não teve o que comer, porque meu pai e minha mãe eram incansáveis. Mas foram dias que me marcaram muito, dos quais eu me lembro até hoje perfeitamente. É algo que não sai da minha memória. E isso me marcou porque, mesmo sendo criança, sem ter o que comer, sem poder fazer nada, era muito triste ver o desespero dos meus pais por conta disso, sem condições de alimentar os três filhos direito e de dar outras coisas básicas. Não estou falando aqui de nada de mais. Estou falando de comida mesmo, arroz e feijão, só isso.

Havia dias em que não tínhamos nem um pacote de macarrão para comer na hora do almoço, muito menos no jantar. Era uma situação inédita para eles, apesar de os dois serem muito humildes. Eles já tinham trabalhado na roça, no Paraná, depois haviam se mudado para São Paulo com a esperança de conseguir empregos melhores, o que de fato aconteceu, e agora estavam no Rio. Os dois nunca tiveram medo de mudar porque sempre acreditaram que estavam indo em busca de uma vida melhor para todos. Só que dessa vez as coisas estavam tomando um rumo bem diferente do que havia sido prometido para nós. E, diferentemente do que eles imaginavam e tinham sonhado, a gente estava piorando de vida.

CAPÍTULO 6 | **CAIXA DE FÓSFORO**

Por incrível que pareça, ao longo dos meses as dificuldades só aumentavam. Mesmo sem precisar pagar aluguel, água e luz – porque o prédio em que morávamos era do Flamengo –, não tínhamos dinheiro para nada, absolutamente nada. Eu me lembro de um dia em especial, em que vi minha mãe chorando, desesperada com a proporção que a situação estava tomando. Ela tentava disfarçar, evitava ficar triste na nossa frente, mas tinha hora em que ela não aguentava toda aquela pressão.

A essa altura, já estávamos sem gás fazia mais de seis meses – ou seja, sem tomar banho quente e sem cozinhar –, porque não pagávamos a conta. Conseguimos juntar uns trocados para comprar um botijão de gás, para pelo menos podermos esquentar a água e cozinhar um pacote de macarrão. As coisas chegaram a esse nível. Era ainda mais humilhante porque a gente vivia em um bairro de classe média alta na zona sul do Rio de Janeiro, mas em condições completamente adversas se comparadas às dos nossos vizinhos. Tanto que lá no prédio éramos chamados de "A Família Buscapé".

É engraçado como alguns episódios de nossa infância deixam marcas profundas… Alguns bem mais que outros. Um deles aconteceu em uma Páscoa, quando eu devia ter uns 9 anos. Já fazia um ano que estávamos no Rio, que havíamos nos mudado, e a situação já era difícil. Se meus pais não tinham dinheiro nem para o básico do dia a dia, que dirá para comprar um ovo de chocolate para cada um dos filhos, como acontecia lá em Santo André. Antes de irmos para o Rio, o domingo de Páscoa era um dia de festa: minha mãe fazia o almoço, nos reuníamos à mesa para agradecer, e cada filho ganhava seu próprio ovo de chocolate. Poderia não ser um ovo grande, nem aquele que tínhamos pedido, mas cada um ganhava o seu.

Naquela Páscoa, eu sabia que isso não ia acontecer, mas meu pai pediu um dinheiro emprestado para um amigo e comprou um único ovo para todos nós. Comprou no domingo de Páscoa mesmo, numa dessas promoções de lojas de departamento, quando os ovos já estão todos quebrados, sabe? Ele então chegou de surpresa em casa com aquele ovo embrulhado num papel colorido e brilhante. Foi tudo o que a gente comeu naquele dia. Lembro que choramos muito, num misto de tristeza pela situação e de emoção pelo gesto do meu pai. Ele estava fazendo o que podia e não podia para tentar melhorar a nossa vida. Isso me emociona até hoje… Peço desculpas pelas lágrimas, mais uma vez.

Lembro também que, nessa época, a relação de meus pais já estava completamente desgastada. Eles brigavam toda hora, até que um dia tiveram uma discussão bem séria. Mais uma vez, o tema da briga era a falta de dinheiro, a falta de condições básicas para viver. O negócio ficou tão feio que os dois saíram de casa. Nessa época, eu tinha 11 anos, Dani tinha 13, Edson tinha 15, e ainda havia uma prima nossa morando com a gente, de 9 anos. Ficamos completamente atordoados, sem saber o que fazer sem nossos pais em casa. O tempo foi passando, e nada de eles voltarem. A noite chegou, e não tínhamos o que comer. Naquele dia o porteiro do nosso prédio comprou uma pizza para dividirmos. E acabamos dormindo sozinhos.

Na manhã seguinte, como não tínhamos telefone fixo em casa – e não existia celular, já que estamos falando de 1997 –, meu irmão levou a gente até o orelhão mais próximo. Fomos todos de mãos dadas andando pela calçada. Com toda a calma e serenidade que ele sempre teve, meu irmão ligou para minha tia, irmã da minha mãe, e contou toda a situação. Ela tentou nos acalmar, dizendo que minha mãe já deveria estar voltando, e recomendou que não mexêssemos no gás nem em nada perigoso. Minha mãe só voltou 24 horas depois; meu pai levou quinze dias para aparecer. Nesse intervalo, fomos a vários hospitais e necrotérios para ver se tinha acontecido o pior, mas ele acabou sendo encontrado morando com os mendigos na Praia do Flamengo. Acredite se quiser!

Quando olho para trás e lembro de tudo o que meus pais enfrentaram por nós, penso: como eles conseguiram ser tão perseverantes? Teria sido tão mais fácil largar tudo no Rio de Janeiro e voltar para Santo André, para perto da família, dos amigos… Mesmo que eles tivessem que recomeçar do zero, não seria tão difícil, porque tínhamos com quem contar. No Rio, a gente não conhecia ninguém, não podia contar com ninguém. Estávamos sozinhos ali. Mesmo assim, eles não desistiram. Passaram por cima de todas as dificuldades e seguiram acreditando naquele sonho de dar uma vida melhor para a família a todo custo. E pagamos um preço alto.

A gente até podia não ter 1 real, não ter comida, não ter banho quente, não ter roupa nova, não ter brinquedos novos, nada disso, mas as lições que ficaram dessa época valeram muito mais do que qualquer outra coisa. Foram, sem dúvidas, muito significativas para nós. Mal sabia eu que, mais tarde, esses ensinamentos seriam tão valiosos na minha carreira como atleta.

Às vezes a Dani voltava a receber seu salário, e nós, a ajuda de custo. Mas de repente o Flamengo parava de pagar de novo. Então meu pai nunca deixou de procurar emprego, já que um dinheiro a mais fazia falta. Fazendo as contas aqui, ele deve ter ficado uns nove anos desempregado no Rio de Janeiro, e olha que não foi por falta de procura nem por falta de empenho. Tanto que ele fez todos os bicos que se pode imaginar. Teve um período até em que ele decidiu comprar umas bebidas para vender na praia, como ambulante mesmo. Nessa época, enquanto minha mãe levava a Dani para os treinos, eu ia com meu pai e meu irmão mais velho para a rua com uma caixa de isopor, um pacote de gelo e as bebidas. A gente só voltava para casa depois que terminasse de vender tudo, não importava a hora. Até porque não teríamos como comprar mais gelo no dia seguinte se não vendêssemos tudo.

Depois, meu pai começou a fazer o transporte dos próprios atletas da ginástica lá do Flamengo. Pegava todos em casa, levava até o clube, e trazia todo mundo de volta. Na época, cada um pagava, pelo que eu me lembro, uns 50 reais. No final do mês, não dava mais do que 200 ou 300 reais, no máximo. Era pouco dinheiro, sim, mas durante um bom tempo foi tudo o que tivemos para viver. A gente se virava, do jeito que dava.

O fato de estudarmos em um colégio particular – com bolsa, é claro, por causa do convênio firmado pelo Flamengo – só deixava essas diferenças sociais mais evidentes no nosso dia a dia. A gente sofria com isso, ganhava apelidos indesejados, passava por todo aquele *bullying*. Muitas vezes eu nem descia para o recreio porque não tinha dinheiro para comprar um lanche na cantina, não tinha o que levar de casa, e não queria que ninguém visse isso, que sentisse pena de mim, ou que zombasse ainda mais. Quando muito, conseguia levar uma maçã de lanche.

CAPÍTULO 6 | CAIXA DE FÓSFORO

Um dia, depois da aula – eu devia ter uns 12 anos –, minha mãe pediu que comprássemos uma caixinha de fósforo para acender o fogão. Custava exatamente 49 centavos, e a gente não tinha esse dinheiro na mão. Não tínhamos nada, na verdade. Só que o Edson, meu irmão mais velho, tinha um cartão de crédito. Fomos ao mercado, morrendo de medo de o cartão não passar nem aqueles 49 centavos. E não passou. Nunca vou me esquecer disso.

A gente não tinha nem 49 centavos para comprar uma caixa de fósforo.

CAPÍTULO 7

CAMINHOS INTERROMPIDOS

"Você tem que ser o espelho da mudança que está propondo. Se quero mudar o mundo, tenho que começar por mim."

MAHATMA GANDHI

Vi muito de perto todo o sacrifício dos meus pais para tentar dar uma vida melhor para nós, para que chegássemos a algum lugar, para que tivéssemos um futuro. Eles sabiam que nosso sonho era ser atleta e se colocaram em segundo plano para que pudéssemos ir atrás disso. Nunca me achei no direito de dar mais preocupação, mais trabalho ou de jogar mais pressão para cima deles. Digo isso porque, quando decidi falar, no início de 2018, sobre os casos de assédio de cunho moral e sexual que aconteciam durante os campeonatos e concentrações, todos me perguntaram: "Mas por que você não contou para os seus pais o que se passava durante essas competições?"

A resposta é simples: não tive coragem. Não depois de tudo o que eles tinham passado para eu chegar até ali, para eu competir, viajar com um time, disputar uma medalha, me tornar, enfim, um atleta de ponta. Os dois tinham batalhado tanto por isso, tinham abdicado de tanta coisa para dar uma vida melhor para os filhos, tinham sido tão resilientes... Eu achava que não era justo levar aquilo para eles. Mais um ponto: aquela era a nossa única chance de melhorar de vida, ao menos na minha cabeça. Eu não conseguia enxergar outra forma que não fosse pela ginástica, então precisava ter a mesma persistência dos meus pais nesse momento.

É claro que eu também tinha medo do que poderia acontecer comigo se resolvesse falar algo. Eu queria fazer parte daquele universo, queria que as pessoas me aceitassem, gostassem de mim. Sabia que, se eu fosse contra um sistema perpetuado há tanto tempo, isso me colocaria automaticamente em desvantagem, ou mesmo de fora. Não que fosse fácil para mim passar por tudo aquilo, claro que não era. Mas naquela época não enxergava nenhuma outra alternativa a não ser acatar as ordens dos mais velhos e ficar quieto depois, conformado.

Muitos desses episódios aconteceram quando eu ainda era pequeno. Eu já treinava oficialmente na ginástica desde os 9 anos. Passei a treinar no Flamengo com a Dani, porque perceberam que eu tinha talento. Então vieram competições infantis, fui me destacando e vi que aquilo era realmente uma paixão – e que eu de fato poderia me tornar um atleta profissional. Mas, como disse, alguns episódios traumatizantes de assédio infelizmente fizeram parte dessa trajetória.

Um dos episódios que mais me marcaram aconteceu em Ribeirão Preto, no interior de São Paulo. Estávamos lá para disputar uma etapa do Campeonato Brasileiro Infantil de Ginástica Artística. Eu tinha apenas 11 anos. Em determinado momento, os veteranos reuniram os calouros em uma sala e nos mandaram tirar a calça ou a bermuda. A cueca também. Tínhamos que ficar pelados porque ia começar "a grande prova do dia". Todo mundo se olhou com apreensão. Já sabíamos que esses trotes podiam acontecer – já tínhamos ouvido histórias de outras competições –, mas ninguém sabia ao certo o que teria que fazer.

CAPÍTULO 7 | **CAMINHOS INTERROMPIDOS**

A prova em questão consistia em pegar com o ânus uma pilha besuntada de pasta de dente. O uso da pasta de dente era o requinte de crueldade dessa história toda, porque ela provocava uma grande ardência quando entrava em contato com a área. Depois de pegá-la, deveríamos andar com ela e acertá-la dentro de um tênis que ficava em outro canto da sala. Se errássemos, teríamos que começar tudo de novo. Eu era o segundo. Assisti ao meu colega passar por aquela situação humilhante, enquanto os veteranos riam da gente, gargalhavam, ficavam debochando.

Chegou então minha vez de passar pela prova. Eu suava frio. Não sabia o que fazer. Comecei a ver tudo rodando na minha frente. E o pior aconteceu: não consegui. Não consegui nem pegar a pilha. Fiquei tão nervoso que tive uma convulsão e precisei ser levado para a enfermaria. Chegando lá, perguntaram o que havia acontecido. Disfarcei e disse que tinha passado mal, mas eu estava tão nervoso que, no fundo, todo mundo sabia que eu tinha acabado de passar por algum trauma muito maior.

Em outra etapa do campeonato brasileiro, um ou dois anos depois desse episódio, eu e mais dois ginastas fomos trancados em um quarto e obrigados a tirar a roupa. De novo, aquele pesadelo. É claro que eu sabia que tudo aquilo era errado, mas não via chance de dizer isso a ninguém. Ia começar tudo outra vez, e não sabíamos o que ia acontecer. Sim, era mais um trote, mas não consegui reagir. Eu tinha uns 12, 13 anos, e continuava sem força e sem confiança para comprar essa briga com os mais velhos. Eles então nos mandaram ficar um ao lado do outro e escreveram com pasta de dente no nosso peito: "Eu", "Sou", "Gay", uma palavra no peito de cada um.

Mais uma vez, riram, gargalharam, debocharam. Eles então tiraram várias fotos. Nunca cheguei a ver nenhuma delas, mas sabia que elas existiam e que poderiam ser usadas em algum momento contra mim, para me expor ou me humilhar ainda mais. Por muito tempo sonhei com aquela cena, e imaginava as pessoas vendo minha foto. Sofri calado durante anos com isso, mas não sabia o que fazer.

Éramos muito novos e, como disse, não sabíamos como nos defender. Mas o fato é que aquelas situações de humilhação deixaram marcas em todos nós. Perto de qualquer competição, eu já entrava em pânico, com receio de que algo ainda pior pudesse acontecer comigo. Existia um terror psicológico tão forte em cima dos ginastas mais novos que vários atletas começaram a se prevenir da maneira que conseguiam.

Um colega que treinava comigo levou um estilete em sua primeira competição, com medo de que fizessem algo desse tipo com ele. É triste pensar nisso, porque vivíamos sob uma pressão completamente desnecessária, que não fazia bem para nós como atletas. Já tínhamos um monte de coisas com que nos preocupar, não precisávamos de mais isso.

O triste é que não era somente na concentração das competições que se davam os abusos físicos e morais. Eles também aconteciam dentro dos ginásios de treinamento e com a conivência de treinadores e equipes técnicas, que com frequência viam tudo o que acontecia e não faziam nada. Na verdade, eles fingiam que não viam. É muito doido, porque parecia que não estava acontecendo nada de mais. Ninguém pensava: será que isso está fazendo bem para esses meninos? Será que precisa existir esse terror psicológico? Será que isso não pode deixar sequelas neles?

CAPÍTULO 7 | **CAMINHOS INTERROMPIDOS**

Meu grande trauma é o caixão da morte, um dos trotes mais corriqueiros dentro da ginástica, que acontece até hoje em alguns clubes. Era feito com a caixa de plinto. Sim, o nome é estranho, mas é aquela estrutura de madeira, composta de vários módulos encaixáveis, usada no lugar do cavalo com alça para os ginastas treinarem seus saltos. Como forma de punição, quem chegasse atrasado, cometesse algum erro na série ou desobedecesse a algum superior – fosse um treinador, um preparador ou atleta mais velho – era obrigado a deitar dentro de um desses caixotes.

O caixote, então, era fechado com a tampa, e aí começava todo o terror. Enquanto alguém se sentava sobre a tampa, para não deixar a gente fugir, outros jogavam água e pó de magnésio lá dentro (aquele talco usado nas mãos para evitar deslizes nos aparelhos). Isso porque o caixote tem uns buracos, usados para colocarmos a mão ao transportá-lo, e era justamente por esses orifícios que jogavam a água e o magnésio.

Parecia que a gente ia morrer ali dentro. Você tenta prender a respiração para não inalar aquele pó, mas não tem jeito. Uma hora você precisa respirar, senão morre de verdade, sem ar. E aí vem aquela nuvem branca. Você engasga, começa a tossir sem parar, sente a garganta ardendo. Ainda jogam água, e ela entra no seu nariz, na sua boca. É como se você estivesse se afogando, sufocado, ali dentro daquele caixão. Não sei ao certo quanto tempo a gente permanecia ali, preso, mas parecia uma eternidade. A sensação era de que aquela tortura nunca ia acabar. Quando eu saía, via todo mundo dando risada. Mas eu estava destruído. Eu ficava muito mal, chorava muito. Todo mundo me via chorando. Era um pesadelo completo.

Vivi alguns desses pesadelos e infelizmente estou longe de ter sido o único atleta a passar por isso. Qualquer pessoa que já tenha frequentado o universo da ginástica artística sabe de histórias de assédio moral, físico e até sexual – conhece alguém que já tenha passado por isso ou, no mínimo, ouviu algum caso. Não é segredo para ninguém. Alguns treinadores inclusive já foram denunciados, sobretudo porque acredito que hoje as pessoas estão se sentindo mais confiantes.

O que posso dizer é que fiquei com muitos traumas dessa época. Eu e todos os atletas que passaram por algo semelhante. Tenho certeza de que me tornei claustrofóbico por causa do caixão da morte. Até hoje, só viajo do Rio para São Paulo, e vice-versa, de carro. Nem cogito pegar um avião. Quando preciso entrar em um avião, tenho que me entupir de tranquilizantes para conseguir embarcar. Fico nervoso dentro de túneis, não entro em elevador. Se tenho que ir para o décimo andar de algum prédio, vou de escada. Nem penso duas vezes. Tenho pavor de que me prendam, não consigo ficar em lugares fechados. Qualquer situação dessas, por mais corriqueira que seja, me remete àquelas sessões de tortura dentro do caixão da morte. Sim, porque era justamente isso: tortura, não trote. Atletas com um grande futuro pela frente inclusive abandonaram a carreira porque não suportaram esses horrores.

CAPÍTULO 8

SUCESSOS
E DERROTAS

"Eu não falhei. Só descobri
10 mil caminhos que
não eram o certo."

THOMAS EDISON

Nossa vida só começou a melhorar financeiramente em 2001, sete anos depois de chegarmos no Rio. A Dani já tinha 17 anos, conseguiu apoio para ir competir no Mundial de Ginástica Artística em Gante, na Bélgica, e saiu de lá levando uma medalha de prata no solo. Assim que ela voltou, ganhou 40 mil reais de um programa de TV, e começaram a surgir propostas de patrocínio. Como eu era o "irmão da Daniele Hypolito" e estava indo bem nos campeonatos locais, também comecei a ser patrocinado. As coisas foram se ajeitando, e, em 2002, participei do meu primeiro Mundial, na Hungria.

Esse campeonato foi determinante na minha carreira, porque saí de lá como o quinto melhor ginasta do mundo no solo e me tornei o primeiro ginasta brasileiro a se classificar para uma final de Mundial no individual. Eu tinha 16 para 17 anos, e isso abriu meus olhos para que eu percebesse que poderia realmente encarar a ginástica como profissão. Pensei: "Gente, tenho chance de ser igual à minha irmã, de ser um medalhista mundial, de me tornar um ginasta profissional".

Em 2003, fui novamente para o Mundial, que já era classificatório para a Olimpíada de 2004, em Atenas. Fiquei em quarto lugar no solo, em sétimo no salto, mas não consegui me classificar entre os 36 primeiros atletas do individual geral que iriam para os Jogos no ano seguinte. Batalhamos pela vaga por equipes, mas também não conseguimos as notas necessárias. Acabou que, como o Mosiah (Rodrigues) era muito melhor do que eu no individual geral, ele foi escalado para a vaga que tínhamos por país. Nessa época, as equipes que ficavam em determinada posição no ranking tinham direito a levar um atleta para as competições.

Não ter ido competir em Atenas foi, de certa forma, bastante frustrante para mim. Em 2003, como comentei, eu já era o quarto melhor do mundo no solo, ou seja, estava muito perto de uma medalha olímpica, só que não era tão bom no individual geral, que é quando você soma as notas de um atleta em todos os aparelhos. Na verdade, eu nem treinava barra fixa nessa época, porque meu treinador dizia que eu era muito ruim. Também não fazia muita coisa na argola, porque ele achava que eu não era bom. Só treinava mesmo, com afinco, o solo e o salto sobre a mesa, minhas especialidades. Cheguei a treinar barra paralela e cavalo com alças, mas era mais para poder competir junto com a equipe.

Olha que curioso: minha mãe, que nem treinadora era, sempre me dizia: "Diego, meu filho, vai treinar os outros aparelhos". Hoje, olhando para trás, consigo enxergar que foi um erro, que eu deveria ter treinado muito mais esses outros aparelhos desde cedo. Quanto mais completo você puder ser, mais bem preparado estiver, mais habilidades tiver, em qualquer aspecto da vida, melhor para você. Aprendi que um pouco mais de técnica e de conhecimento nunca são demais.

CAPÍTULO 8 | SUCESSOS E DERROTAS

A convite do Comitê Olímpico do Brasil, fui assistir aos Jogos Olímpicos de 2004. Na verdade, minha família toda foi para ver a Dani. A situação financeira de meus pais já estava mais favorável, e meu irmão vendeu um carro que tinha ganhado da minha irmã para ir também. Uma Olimpíada é algo fascinante – pode perguntar para qualquer pessoa que já tenha competido ou mesmo assistido a uma prova qualquer. Vi, bem de perto, toda a experiência que aquilo proporcionava e tive certeza de que poderia estar ali. No mesmo ano de Atenas, na grande final da Copa do Mundo, competi com todos aqueles atletas que disputaram os Jogos Olímpicos e venci todos eles. Aquilo tinha ficado engasgado.

Para você ter noção, ganhei cinco medalhas de ouro no solo em 2004, em todas as etapas da Copa do Mundo. Eu de fato tinha uma condição muito grande de ser medalhista olímpico em Atenas e me assombrava a questão de não ir para os Jogos por não ser bom o suficiente no individual geral. Isso ecoou tanto na minha cabeça que, depois da Olimpíada, comecei a treinar com afinco os outros aparelhos.

Coincidência ou não, foi justamente quando dei início à minha vasta coleção de lesões. Talvez, até pela falta de preparo, meu corpo não estivesse condicionado para os outros aparelhos. Sofri na pele as consequências. Em 2005, na Copa do Mundo de São Paulo, quebrei meu pé minutos antes de começar a competição, na hora do aquecimento mesmo. Para um ginasta, era uma fratura bem grave. Ainda tentei fazer o primeiro exercício da minha série, mas não consegui. Era tanta dor que abandonei o ginásio e tive de ser operado às pressas, naquela mesma semana. O pós-operatório foi tão sacrificante que precisei ficar seis meses sem treinar, só indo à academia, fazendo preparação física e fisioterapia.

Como eu vinha de uma sequência de resultados muito bons, e estávamos às vésperas do Campeonato Mundial, que só acontece uma vez por ano (diferentemente das Copas do Mundo, que têm várias etapas), a Confederação Brasileira de Ginástica acreditou que eu teria chances de participar e, quem sabe, até de levar uma medalha. Tive então uma semana. Isso mesmo, uma semana para sair da inércia, voltar a treinar e embarcar para Melbourne, na Austrália. Nesse dia, lembro como se fosse hoje, entrei no avião chorando. Era um choro de alegria misturado com esperança, porque estava indo competir, porque tinham acreditado em mim, porque estava de volta, fazendo aquilo de que eu mais gostava na vida.

Mesmo tendo ficado seis meses parado, eu estava muito bem condicionado. Tanto que, quando cheguei lá, nos treinos mesmo, todo mundo achou que aquela história do pé quebrado e da cirurgia era mentira. Até brincavam, dizendo que eu não tinha ido para as outras competições para não mostrar meu nível técnico, que eu tinha operado só para colocar molas nos pés. Fui para a final do solo no Mundial de Melbourne e saí de lá com meu primeiro título mundial. Foi muito marcante para mim, porque, no momento da premiação, eles colocaram no telão a imagem da minha irmã chorando e anunciaram que ela tinha sido a primeira medalhista brasileira em um Mundial de Ginástica. Com esse título, eu também tinha acabado de me tornar o primeiro medalhista brasileiro em um Mundial de Ginástica. Era um feito significativo. Para mim. Para a ginástica. Para o Brasil.

CAPÍTULO 8 | SUCESSOS E DERROTAS

Depois disso, minha vida mudou bastante. Deixei de ser apenas o "irmão da Dani" – embora eu ame ser irmão dela – para ser o Diego Hypolito. Pode parecer bobagem, mas as pessoas carregam um preconceito aí. Muitas vezes, quando se é irmão, filho ou parente de alguém muito bom naquilo que você também faz, muita gente acha você só está ali por causa de uma indicação. Eu sofria com isso. Achava que as pessoas só me ajudavam por causa da Dani, e não por conta da minha capacidade como ginasta. Esse título, de certa forma, foi fundamental na minha carreira para quebrar esse tabu. Não só para quem estava fora, mas para mim mesmo. Eu também poderia ser um atleta de alto rendimento, eu também poderia brigar por medalhas, eu também poderia conquistar uma Olimpíada. Foi aí que comecei a acreditar nisso de verdade.

Com resultados cada vez mais expressivos, fui ganhando notoriedade dentro do esporte. Passei a contar também com patrocínios melhores, que possibilitavam que eu fizesse uma preparação mais cuidadosa – e que também me deixaram muito mais motivado, comprometido, acreditando mais em mim. Tanto que, em 2006, conquistei medalhas em praticamente todas as Copas do Mundo de que participei. Em geral, são seis a oito etapas por ano.

Nessa época, dificilmente eu errava alguma coisa no solo. Eu era muito preciso em absolutamente todos os detalhes e também ia bem no salto sobre a mesa, chegando até a final em algumas competições, apesar de não ser a minha grande especialidade. Tanto que, no ano seguinte, em 2007, durante os Jogos Pan-Americanos do Rio, eu levei o ouro no solo e no salto. Fui para o pódio duas vezes.

Foi muito bom vencer no Rio, na minha casa, na frente da minha família, dos meus amigos e da torcida brasileira. Saí dos jogos certo de que levaria uma medalha em Pequim no ano seguinte, em 2008. Mas, como todos já sabem, tomei o tombo mais alto da minha carreira logo de cara. E, mesmo depois do novo tombo em 2012, da demissão do Flamengo no mesmo ano, da depressão severa e dos problemas para treinar no São Bernardo, eu ainda não havia desistido. Eu ia persistir. Mal sabia eu que o cenário onde eu havia fracassado tantas vezes em busca do sonho olímpico seria o mesmo cenário da redenção.

CAPÍTULO 9

PROVA
DE FOGO

"Descobri que, quanto mais eu trabalho, mais sorte eu pareço ter."

THOMAS JEFFERSON

Cheguei para competir nos Jogos Olímpicos do Rio, em 2016, morrendo de medo de dar outro vexame. Tentava demonstrar calma e tranquilidade, mas minha cabeça estava a mil. Eu tinha conseguido a vaga para a Olimpíada justamente por conta de todos os resultados da minha carreira. A comissão técnica brasileira tinha que escolher cinco ginastas para participar dos Jogos: três generalistas (que competem em todos os aparelhos) e dois especialistas. E eu, ao lado do Arthur Zanetti, fiquei com uma das vagas de especialista, exatamente porque a comissão enxergou que meus últimos resultados justificavam essa escolha. Eu não queria decepcioná-los de novo. Eu iria com tudo dessa vez.

Era 14 de agosto de 2016. Acordei até um pouco mais tarde do que o normal nesse dia, por volta das oito e meia, nove da manhã. Em vez de ir para a praça de alimentação da Vila Olímpica, onde eu estava concentrado desde o início do mês, tomei o café da manhã na piscina mesmo. Comi uma banana, tomei um iogurte, peguei um café da máquina e deitei um pouco no sol. Fazia um dia lindo, bem ensolarado. Devo ter ficado ali uns vinte minutos de cara para o sol. Fui para o quarto, porque ainda estava com sono, e tomei um banho gelado, bem demorado, para acordar. Tentei relaxar e coloquei umas músicas. Fiquei ali na minha, cantando sozinho. Nesse dia, não sei por quê, escutei algumas vezes a canção "O amanhã", do Detonautas. A letra diz assim: "Quando vem o amanhã incerto / E a certeza me faz ver o inverso / Já não tenho o mesmo medo de me repetir / A verdade disso tudo é o que me faz seguir". Aquela música fez tanto sentido naquele momento, que deixei ali, repetindo.

Como diz a letra, decidi seguir. Minha prova era só de tarde, mas eu já estava tão ansioso que me arrumei logo. Um tempo depois, fui para o almoço. Comi uma massa, sem molho, sem proteína nenhuma, como costumo fazer em dias de competição. Na verdade, eu nem estava com muita fome, pois tinha tomado o café da manhã mais tarde que o normal. Acabei me forçando a comer. A nutricionista da seleção tinha até feito uma indicação de suplementação para o dia da prova, mas acabei esquecendo tudo no quarto, porque nunca tive o costume de usar suplementos. Esse esquecimento já era um sinal. Sinal de nervosismo, da tensão que começava a bater. Mas nesse momento tomei a melhor decisão que poderia: antes de ir para o ginásio, resolvi passar na Vila Olímpica para conversar com minha psicóloga, que já vinha me acompanhando fazia algum tempo.

Conversei com ela durante uns vinte ou trinta minutos, no máximo. Contei tudo o que estava passando pela minha cabeça. Vou ser muito sincero: a essa altura, as imagens dos tombos de Pequim e de Londres estavam me aterrorizando. Elas passavam em looping pela minha mente. Só conseguia pensar: tenho muito medo de cair de novo. Muito medo. E, dessa vez, seria ainda pior, porque eu estava na minha casa, no meu país, na frente da

CAPÍTULO 9 | **PROVA DE FOGO**

minha torcida. Era como se esses tombos fossem dois fantasmas que ficavam me assombrando a todo instante. Eu não conseguia parar de pensar nisso. A verdade é que eu não estava com medo de perder, de não conseguir uma medalha no Rio. Meu medo era só de cair mais uma vez. Era isso o que eu mais temia.

De certa forma, era como se eu estivesse assistindo de novo ao filme da última Olimpíada, quatro anos antes. Quando cheguei a Londres, estava um caco, todo machucado, e tudo conspirava contra mim, mas acreditei que conseguiria. Pensei: "Eu posso, vou conseguir, vou enfrentar o que aconteceu em Pequim". O resultado? Caí de cara. No Rio, a pressão era dobrada. Eu precisava enfrentar o que havia acontecido em Pequim e Londres e, ainda assim, acreditar que ia dar certo, que não ia cair mais uma vez. Mas será que não poderia acontecer algo ainda pior do que o ocorrido em Londres?

Pouca gente sabe, mas eu também estava com um problema sério na coluna nessa época. Sentia muitas dores, tanto que não conseguia nem dirigir. Passei dois anos sem pegar no volante por causa disso. Agora eu pergunto: como uma pessoa que está treinando para uma Olimpíada não consegue nem ficar sentado para guiar um carro? A coisa era séria. Tanto é que operei logo depois dos Jogos. Para você ter noção, cresci 1,5 centímetro após a cirurgia, de tão torta que minha coluna estava. Agora posso falar disso abertamente, porque já passou a Olimpíada, mas eu estava sentindo uma dor absurda na coluna. Só que fiquei com medo de não me deixarem competir por causa disso, então não comentava quase nada com ninguém sobre essa dor. Por que eu iria falar? Para me tirarem dos Jogos, e eu não conseguir realizar meu sonho?

Para completar, minha série da Olimpíada do Rio começava com o mesmo exercício que tinha me levado a cair em Londres. O segundo exercício era exatamente igual à acrobacia que eu tinha errado em Pequim. Nada disso foi à toa. Eu precisava enfrentar meus medos. Eu precisava vencer aqueles dois exercícios logo no início da série no Rio para poder superar aqueles dois traumas.

Minha psicóloga me acalmou. Disse que era normal estar remoendo esses momentos porque foram muito marcantes para mim. Foram ocasiões que deixaram recordações ruins e que, naturalmente, estavam vindo à tona. Só que, em 2016, minha postura, do ponto de vista psicológico, era diferente. Eu não ficava mais entrando nas redes sociais, não ficava buscando matérias e reportagens, querendo saber o que andavam falando sobre mim. Eu estava mais blindado nesse sentido. Justamente por isso, também evitava dar muitas entrevistas durante a concentração. Mas ainda precisava escutar de alguém um "eu acredito em você". Ela disse: "Olha, Diego, isso tudo é normal, mas vamos desviar o foco de seus pensamentos para o lado positivo disso tudo. Vamos focar no quanto você trabalhou para estar aqui hoje, no quanto você se preparou, em todas as provas pelas quais passou nesse ano trazendo bons resultados".

Isso era real. Eu tinha ido muito bem nas últimas etapas da Copa do Mundo entre 2015 e 2016. Estava fazendo tudo o que a psicóloga, a nutricionista, o fisioterapeuta e a equipe toda mandavam. Da minha parte, eu tinha feito tudo o que poderia ser feito. Absolutamente tudo. Tinha que confiar em mim. Sabia disso, mas, ao mesmo tempo, não conseguia ficar calmo. A ansiedade era absurda. Eu estava tão atordoado que acabei me atrasando.

Aos 2 anos, em Santo André.

Ao lado da minha irmã, Daniele – eu aos 4 anos e ela aos 6. Sempre fomos muito próximos.

Ensaio fotográfico feito na escola que frequentava em Santo André.

Quando eu tinha 9 anos e já competia pelo Flamengo, fui participar de uma competição em Havana, Cuba. Foi a primeira vez que viajei de avião!

Treinando no Flamengo, no Rio de Janeiro, aos 10 anos.

Recebendo a medalha de ouro na primeira vez que participei do Campeonato Brasileiro de Ginástica Artística Infantil, em 1998.

Aos 11 anos, participei de um campeonato interclubes nos Estados Unidos, no qual ganhamos a medalha de ouro por equipes. Na foto, estou segurando o troféu. Meu técnico na época, o Renato Araújo, aparece no alto à esquerda.

Em 1999, participei pela primeira vez do Sul-Americano Infantil e ganhei a medalha de ouro por equipes, junto com o Paulo Afonso (ao centro) e o Victor Rosa (à esquerda).

No Campeonato Brasileiro de 2000, fiquei em segundo lugar no individual geral pelo Flamengo. Nesta foto, apareço no canto esquerdo, de óculos.

Festa para a minha irmã, Daniele, quando ela estava prestes a embarcar para os Jogos Olímpicos de 2000, em Sidney. Da esq. para a dir.: meu pai, Wagner; minha irmã, Dani; minha prima, Daiane; minha mãe, Geni; eu; meu irmão, Edson.

Em 2002, aos 16 anos, me tornei o primeiro brasileiro a se classificar para as finais no individual em um Mundial de Ginástica Artística, na Hungria. Terminei a competição em 5º lugar no solo.

Em 2003, nos Jogos Pan-Americanos de Santo Domingo, comemorando a medalha de prata por equipes. Da esq. para a dir.: eu, Danilo Nogueira, Mosiah Rodrigues, Victor Rosa, Vitor Camargo e Michel Conceição.

Depois de conquistar a medalha de prata no Pan-Americano, chorei muito ao lado da minha irmã, Daniele, que também foi medalhista na mesma competição.

Em 4/4/2004, conquistei a medalha de ouro no solo na Copa do Mundo de ginástica artística, realizada no Rio de Janeiro. Foi a primeira vez na história da competição que um atleta brasileiro foi campeão.

Retrato de mais uma medalha de ouro, dessa vez no Mundial de Melbourne, na Austrália, em 2005. Com essa medalha, me tornei o primeiro brasileiro campeão mundial de ginástica artística.

Dois momentos dos Jogos Pan-Americanos de 2007, realizados no Rio de Janeiro. Levei ouro no solo e no salto sobre o cavalo, além da prata na competição por equipes, ao lado de Adan Santos, Victor Rosa, Mosiah Rodrigues, Danilo Nogueira e Luiz Augusto dos Anjos.

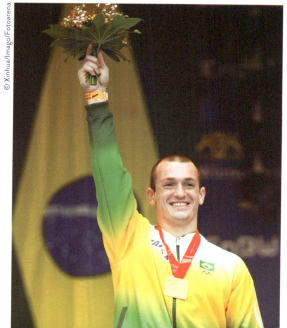

Ainda em 2007, participei do Mundial da Alemanha, trazendo um novo ouro no solo e fechando o melhor ano de minha carreira.

Eu era apontado como um dos favoritos ao ouro no solo nos Jogos Olímpicos de 2008, em Pequim, mas sofri uma queda durante minha apresentação e terminei a competição em sexto lugar.

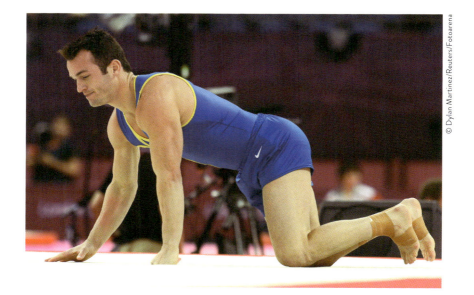

Depois do tombo em Pequim, voltei a cair quatro anos depois, nos Jogos de Londres, adiando mais uma vez meu grande sonho de ganhar uma medalha olímpica.

Em 2013, fui treinar em São Paulo, mais especificamente no Clube Pinheiros, que cedeu suas instalações para os atletas do Flamengo depois do incêndio no ginásio do clube carioca.

No fim de 2014, já fazendo tratamento contra a depressão, passei a treinar em São Bernardo do Campo, região metropolitana de São Paulo.

Fora da seleção titular, embarquei como segundo reserva para o Mundial da China, em 2014. Contra todas as probabilidades, o atleta titular e o primeiro reserva se machucaram e eu acabei competindo, ganhando uma medalha de bronze no solo.

Aos 30 anos, realizei meu grande sonho de conquistar uma medalha olímpica, faturando a prata no solo nos Jogos Olímpicos do Rio, em 2016.

No Campeonato Brasileiro de Ginástica Artística de 2019, no Rio de Janeiro, ao lado de meus pais e meus irmãos.

Fui convidado pelo canal SporTV para ser comentarista nos Jogos Pan-Americanos de 2019, em Lima, no Peru. Aqui, apareço ao lado de meu amigo Flávio Canto.

Hoje em dia, faço muitas palestras por todo o Brasil, abordando principalmente a questão da superação.

CAPÍTULO 9 | **PROVA DE FOGO**

Peguei o ônibus dos atletas já em cima do laço para o início do aquecimento. Inconscientemente, acho que fiz isso de propósito, porque não queria ficar muito tempo no ginásio sob toda aquela pressão, revivendo as outras Olimpíadas.

A sensação era de que as pessoas ao meu redor estavam tão ansiosas quanto eu. Diziam "vai dar certo!" de um jeito que só me deixava ainda mais nervoso. Ninguém tem culpa disso, é claro, mas acho que todos estavam sendo solidários, torcendo, nervosos junto comigo. Talvez por isso eu não tenha feito um bom aquecimento. Passei a série toda, e nada parecia dar certo. Errei algumas passadas, cheguei com sobra de forma física em alguns exercícios. Aí pensei comigo: se em Pequim eu estava cravando tudo e cheguei sem força na última acrobacia, agora vai dar certo porque estou "sobrando". Ao mesmo tempo, me dei conta de que todo mundo estava fazendo tudo certinho, e comecei a me cobrar: por que só eu estava fazendo tudo errado? Eu ficava conversando comigo mesmo o tempo todo. Minha cabeça estava a mil. Em dado momento, o cansaço psicológico já era bem maior do que o cansaço físico.

Chegou a hora de irmos para o ginásio principal, onde aconteceria a disputa da prova de solo. Todos os atletas subiram no tablado, se apresentaram aos árbitros e, depois, desceram para esperar a chamada. Eu era o segundo. Enquanto aguardava meu nome ser anunciado, fiquei em movimento. Não queria deixar meu corpo esfriar, não queria pensar muito. Ao mesmo tempo, comecei a mentalizar minha série, como se estivesse assistindo a um filme de mim mesmo. Eu me imaginava fazendo tudo certinho, todos os exercícios. Orei uma única vez, porque não tinha muito tempo, e passei para o trabalho de respiração. Inspirava pelo nariz, expirava pela boca. Dez vezes, prestando atenção somente na entrada e na saída do ar, para tentar me acalmar.

Minha vez chegou. Meu técnico foi conversando comigo até o tablado, mas eu estava tão nervoso que só me lembro das últimas palavras dele: "Eu confio em você. Vai lá e faz sua parte. Você trabalhou para isso, você é merecedor". Subi a escada e me ajoelhei no tablado. Não fiz isso para agradecer. Poucas pessoas sabem, mas minhas pernas estavam tremendo tanto que precisei fazer algo para elas pararem, para voltarem ao normal. Estava muito nervoso. Talvez tenha sido a vez em que mais fiquei nervoso em toda a minha vida antes de uma prova. Continuei ali uns quinze segundos, trouxe só pensamentos positivos para dentro da minha cabeça e me levantei muito confiante. Falei para mim mesmo: "Vou fazer a minha parte. Eu não vim até aqui à toa".

Minha prova de fogo eram os dois primeiros exercícios, aqueles que haviam me levado ao chão em Pequim e em Londres. E deu tudo certo. Não conseguia acreditar. A cada exercício, me concentrava e repetia para mim mesmo: "Você já fez isso muitas vezes, você vai conseguir". Cravei poucas acrobacias, mas ao menos não caí em nenhuma. Na real, eu tinha conseguido superar os fantasmas de Pequim e de Londres. Terminar a série sem cair já era uma grande vitória para mim. Não estava nem pensando em medalha naquele momento. Tanto que saí do tablado vibrando, comemorando. Na minha cabeça, pelo menos, eu já tinha vencido.

Meu técnico me olhou e disse: "Você vai ser medalhista". Não sei como ele tinha tanta certeza, mas achei que não ia dar.

Sou tão exigente comigo mesmo que achava que minha série não tinha sido tão boa. Mas foi a minha melhor série do ano. Só quando o japonês Kenzo Shirai, apontado como o favorito, cometeu alguns erros na série dele é que acendeu uma luzinha na minha cabeça. Será que ia dar? Não podia ser verdade. Não estava acreditando naquilo. Mas o esporte pode ser mais imprevisível do que a gente imagina. Juro que não achei que sairia dali com uma medalha, jamais, jamais, jamais. Eu tinha sonhado com isso a vida inteira, e meu sonho estava se tornando realidade.

Quando deram a nota do último ginasta e me dei conta de que eu havia levado a prata, comecei a chorar. As lágrimas caíam sem parar. Foi involuntário. Perdi completamente o controle: ria, chorava, agradecia, ajoelhava.

Eu havia sido muito julgado, havia levado muita pedrada. Pouca gente sabe, de fato, tudo o que passei para estar ali. O caminho da vitória não é fácil. E também não é do dia para a noite. Foram dezessete anos até que eu conseguisse uma medalha olímpica. Na minha primeira Olimpíada caí de bunda; na segunda, caí de cara; na terceira, caí de pé. Por mais difícil que possa parecer, não podemos desistir de um sonho, pois ele ainda pode estar ao nosso alcance.

Enquanto esperávamos para receber as medalhas, atrás das cortinas, caí no chão e comecei a chorar mais uma vez. As pessoas tentavam me levantar, mas não conseguiam de tanto que eu chorava. Estava aos prantos de tanta emoção. Minha roupa ficou toda molhada. Foi o dia mais mágico da minha vida, quando entendi que tudo tinha valido a pena, todos os esforços, todas as dores.

As pessoas perguntam como é ter uma medalha olímpica. Não consigo nem explicar. Com certeza é melhor do que ganhar na Mega-Sena, porque dinheiro nenhum no mundo paga aquele momento. É o reconhecimento de um trabalho árduo. São anos acordando cedo para treinar, fazendo fisioterapia – às vezes por algumas horas por dia –, tendo que comer direito, dormir no mesmo horário, praticar, praticar, praticar. É uma rotina que só quem tem sabe do sacrifício. Nesse dia devo ter repetido umas cinco mil vezes para mim mesmo a seguinte frase:

Eu sou um medalhista olímpico.

CAPÍTULO 10

CHEGA DE SEGREDOS

"Todos os seus sonhos podem se tornar realidade se você tiver coragem para persegui-los."

WALT DISNEY

Na semana seguinte à conquista da medalha olímpica, recebi duas jornalistas para uma entrevista na casa do meu empresário, o Bruno Chateaubriand. Elas queriam saber sobre a conquista da prata, sobre as quedas em Pequim e Londres, sobre toda a minha história. Contei tudo desde o Flamengo. Perguntaram como havia sido o início da carreira, como era minha relação com a família e outros detalhes bem pessoais. Até meu cabelo entrou na conversa – pouca gente sabe, mas nessa época eu estava usando uma peruca, porque tinha "entradas" enormes, e eu morria de medo que ela saísse do lugar durante alguma pirueta. Mas é claro que não admiti isso na entrevista.

Já tinham se passado mais de duas horas de entrevista quando veio a pergunta que me perseguiu a vida toda: "Você é gay?" Respondi de forma bem direta, sem pestanejar: "Não, não sou gay". Não sei nem como tive coragem de dizer que não, a essa altura do campeonato, mas acreditava que aquela era a coisa certa a fazer. Elas então disseram que eram um casal, que eu poderia ficar à vontade para falar sobre o assunto com elas, que as duas também tinham que lidar com o preconceito. Mentira. Eu sabia que elas não eram um casal.

Estavam apenas tentando obter uma revelação sobre minha sexualidade para estampar na capa do jornal. Só isso.

A verdade é que sempre tive muita dificuldade de falar sobre isso. Você lembra, né? Quando começamos as entrevistas para o livro, ainda em 2017, você me perguntou se poderíamos abordar minha sexualidade. Eu disse que não. Tinha certeza de que eu não queria, que não era o momento ainda, mas acho que amadureci bastante desde então. Nesse processo de elaboração do livro, comecei a refletir sobre a questão com mais afinco e me dei conta de que não preciso esconder a minha história de ninguém. Não mais. Não depois de tudo o que eu já vivi e conquistei, mesmo com todas as limitações que me foram impostas.

Ter que esconder a própria sexualidade em pleno século 21 pode até soar antiquado, mas eu tinha muito medo de magoar minha família. Além de serem pessoas muito humildes, criadas no interior com uma educação rígida, meus pais também sempre foram muito religiosos. Tanto é que fui criado praticamente dentro da igreja – e sou muito ligado à religião até hoje. Tenho uma tatuagem de Jesus crucificado no braço e frequento o culto uma vez por semana. Por conta dessa religiosidade, durante muito tempo, ao menos na minha cabeça, ser gay era sinônimo de ser um demônio, alguém amaldiçoado. Era como se o fato de eu ser gay fosse uma praga para minha família. Além de achar que minha sexualidade era uma maldição para meus pais, eu também ficava com a impressão de estar pecando o tempo todo. E isso não saía da minha cabeça. Eu travava um eterno embate comigo mesmo.

Ao mesmo tempo que eu tentava raciocinar e me convencer de que as coisas não eram assim tão preto no branco, que não

CAPÍTULO 10 | **CHEGA DE SEGREDOS** 105

precisavam ser tão difíceis e cruéis, eu pensava: meus pais abdicaram de muita coisa pelo nosso sonho. Largaram família, amigos, trabalho, uma vida inteira, para ir com a gente para o Rio de Janeiro. Como você sabe, passamos tanta dificuldade no início… Eu via o desespero da minha mãe diante da falta de dinheiro. Via meu pai fazer de tudo para garantir que não faltasse comida para os três filhos. E, ainda assim, faltou.

Diante disso, eu não me sentia no direito de levar mais um problema para eles, mais uma questão – ainda mais sendo algo que, no fundo, eu sabia que poderia inclusive magoá-los. Não porque eles não fossem me aceitar, não fossem me amar de qualquer jeito, mas porque eles não entenderiam. Seria mais um problema. Seria difícil. Se eu mesmo tive dificuldade em me aceitar, imagine para outras pessoas que nem entendiam como isso era possível, que achavam que a homossexualidade era uma coisa satânica. O ponto era que eles já tinham que lidar com outros problemas bem mais sérios.

Até falei desta situação durante uma entrevista no começo de 2019, porque foi algo que me marcou muito: quando eu tinha uns 10 anos e já praticava a ginástica, meu treinador foi conversar com minha mãe, dizendo que ela deveria fazer algo, mudar minha educação, para que eu não virasse gay. Então minha mãe veio falar comigo, sem jeito, sem saber como dizer aquilo, toda preocupada… Eu era uma criança! Nem sabia o que era "ser gay". Não falava disso com meus amigos. Não tinha acesso a esse assunto com ninguém, nem no colégio, nem no clube, nem em casa. No entanto, a mensagem já tinha ficado clara no meu subconsciente: ser gay não era algo bom. Ser gay era motivo de preocupação para meu treinador e para minha mãe. Convenhamos: se fosse bom, eles não estariam preocupados. Se fosse bom, minha mãe não precisaria mudar nada na minha educação, não é mesmo?

Por tudo isso, cresci tentando esconder minha sexualidade. Não só dos outros, mas de mim mesmo. Foi muito difícil me aceitar como gay. Embora de longe não pareça, a ginástica é um ambiente altamente machista e preconceituoso. As pessoas zombavam do meu jeito de ser. Quando escreveram as palavras "eu", "sou", "gay" com pasta de dente em mim e em mais dois atletas, por exemplo, estava embutido ali, naquele assédio moral, o peso de ser homossexual. Ser gay era uma vergonha tão grande que a palavra servia como xingamento.

Foi muito solitário viver tanto tempo sem poder falar disso com ninguém. E eu sempre me questionava. Por mais que eu tentasse desviar meus pensamentos, tentasse focar na ginástica, volta e meia lá estava eu me perguntando se eu era gay mesmo. Será que eu realmente gostava de meninos? E mais: por que eu gostava de meninos e não de meninas, que era o que eu tinha aprendido como sendo a "coisa certa"? O pior de tudo é que eu ficava achando que era diferente por causa disso, que eu estava pecando o tempo todo, que não me aceitariam. Era um tsunami de informações e de sentimentos na minha cabeça que eu não sabia direito como digerir. Eu me escondi por todo o tempo que consegui, e não desejo isso para ninguém.

Minha paranoia era tão grande que eu tinha certeza de que, se assumisse que era gay publicamente, perderia a maior parte dos meus apoios e patrocínios. Hoje em dia as empresas são muito mais simpáticas às causas de gênero e sexualidade, mas não era

CAPÍTULO 10 | CHEGA DE SEGREDOS 107

assim até bem pouco tempo atrás. Lembre que estamos falando do início dos anos 2000. Naquela época, isso poderia ser usado até como critério para me prejudicar, não só com os patrocinadores como também dentro do próprio esporte, com a comissão técnica. Como eu disse, a ginástica, por mais que não pareça, era um ambiente extremamente preconceituoso. Num país como o Brasil, onde já é muito difícil viver do esporte, isso poderia ter atrapalhado minha carreira e meu desenvolvimento como atleta.

Foi só aos 19 anos que me senti pronto para falar sobre o assunto pela primeira vez, com um amigo. Acho que só tive coragem porque era um amigo abertamente gay da ginástica, muito bem resolvido com isso, que lidava tranquilamente com a situação. Isso me encorajou; eu sabia que seria bem recebido ali. Durante alguns dias, fiquei pensando em mandar uma mensagem de celular para ele. Aí deixava de lado. Pensava de novo. Rascunhava algo. Apagava. Desistia mais uma vez. Até que escrevi de novo e apertei o "enviar" sem pensar. Minha mensagem dizia assim: "Queria falar uma coisa para você". "Eu já sei o que é", ele respondeu, na mesma hora.

Gelei. Congelei, na verdade. Como ele poderia saber? Quem poderia ter contado? Será que ele sabia de fato do que eu estava falando? A verdade é que todo mundo já sabia. Eu já sabia, mas não queria ver. Minha família já sabia, mas não queria ver. Meus amigos já sabiam, mas fingiam que não porque, no fundo, sabiam que isso não era uma questão completamente resolvida para mim. E eu, na verdade, tentava disfarçar como fosse possível. Então, com a resposta dele, meu coração gelou. Pensei em desistir, mudar de assunto. Respirei fundo, me enchi de coragem e segui em frente. Não que eu tenha sido tão rápido assim na resposta. Não fui. Escrevi, apaguei. Escrevi, apaguei. Escrevi, apaguei. "O que será que ele vai pensar de mim?", eu me perguntava. Mas espere aí: ele também era gay, estava tudo bem. Então enviei: "Eu acho que sou gay".

Talvez esse tenha sido um dos dias mais difíceis da minha vida. Colocar isso para fora, verbalizar esse segredo, revelar minha angústia... Esse momento assombrava há anos o meu subconsciente e enfim ele tinha chegado. Foi como se eu carregasse uma enorme pedra nas costas e a tivesse colocado no chão no momento em que enviei a mensagem. Me senti mais leve na mesma hora. Meu amigo poderia aprovar ou não, não importava, não era essa a questão. O importante é que eu estava conseguindo verbalizar aquilo e dividindo com alguém, me abrindo e, enfim, me aceitando. Aceitando em partes, né? Ainda tinha medo, receio, dúvidas. Não sabia como as pessoas iriam reagir. Mas foi o primeiro passo, que precisava ter sido dado há muito tempo.

Na mesma noite, esse meu amigo me convenceu a ir a uma boate gay. Cheguei lá todo disfarçado. Estava de óculos escuros, blusa de capuz, boné. Ridículo, eu sei. Mas foi a forma que encontrei de me esconder. Ou melhor, de achar que estava me escondendo do olhar e do julgamento dos outros. Isso porque eu estava em um ambiente onde ninguém iria julgar meu comportamento. O problema, no fundo – e eu sabia disso –, era comigo mesmo. Fiz isso – de me fantasiar para sair, me esconder debaixo de um monte de roupas – durante anos a fio. Tinha dado o primeiro passo, mas ainda faltava correr uma maratona para me aceitar por completo. Essa maratona, sendo bem sincero, foi

CAPÍTULO 10 | **CHEGA DE SEGREDOS**

sofrida, cansativa, desgastante. Por ter que lidar com todo esse medo em relação à minha sexualidade, acabei tendo vários problemas para me relacionar com outras pessoas. Não tinha como ser de outro jeito, não é?

Eu também sempre tive muita dificuldade de lidar com minha autoestima. Acho que minha questão toda com a sexualidade começa aí. Desde criança, fosse no colégio ou no ginásio, me chamavam de "cabeça de caminhão", de "Frankenstein", diziam que eu era muito feio. Passei a acreditar nisso e sofri todas as consequências dessa baixa autoestima. Aqui eu gostaria de abrir um parêntesis porque, apesar de eu ser gay, isso vale para todo mundo. Eu me sentia tão inseguro em relação a mim mesmo que isso afetava meus relacionamentos. Achava que um namorado que tive, por exemplo, era muito mais bonito do que eu. Tentava compensar colocando aplique no cabelo, fazendo clareamento dentário, tudo o que pudesse me deixar "à altura dele".

Olha que coisa doida a nossa cabeça, né? Porque a questão não era física, estava apenas na minha mente. Tudo de que eu precisava, na verdade, era uma boa terapia para me aceitar e gostar de mim do jeito que eu sou. Se eu pudesse dar um conselho para qualquer pessoa, seria este: faça terapia, se conheça, se entenda melhor. Entender quem somos nos coloca em outro lugar, em outro patamar, em vários sentidos. E, nesse ponto, não estou falando isso apenas por causa dos relacionamentos conjugais. Estou falando de tudo: dos relacionamentos familiares, do seu lado profissional, de você saber de fato quem é e como pode tirar proveito de suas qualidades. Porque todo mundo tem qualidades. Só precisamos enxergá-las e usá-las a nosso favor. Caso contrário, isso só causará sofrimento, como aconteceu comigo durante muito tempo.

Para você ter uma ideia, foi só em 2014 que consegui falar sobre minha sexualidade com minha mãe, que é uma das pessoas mais importantes na minha vida. Eu sabia que esse momento teria que chegar, mas adiei enquanto pude – ou melhor, enquanto não tomava coragem. Eu já tinha 28 anos nessa época. E vou ser sincero: "falar" é modo de dizer, porque não tive coragem de falar pessoalmente, nem mesmo por telefone. Mandei uma mensagem de texto, e foi tão difícil quanto. Estava prestes a viajar para o Mundial da China e escrevi para ela um texto enorme, contando que era gay, dizendo que a amava muito e que esperava que isso não fosse mudar nossa relação.

Ela leu a mensagem, mas não respondeu. Não tive retorno dela por dias. Aquilo foi me deixando muito angustiado, porque eu precisava dela ao meu lado. Não era só isso: eu *queria* que ela estivesse ao meu lado. Quando ela finalmente me escreveu de volta, devo dizer que não foi muito cordial na resposta. No fundo, eu já sabia que isso ia acontecer. Para ela também não estava sendo fácil. Eu sei que ela me ama incondicionalmente, mas ela foi criada de outra maneira, teve outra educação, uma vida completamente diferente da minha. Acho que o momento mais difícil com minha família foi esse, quando contei à minha mãe. Meu pai, quando soube, reagiu melhor, de forma menos dura. E a Dani, claro, sempre me apoiou – quando me abri, ela disse que, na verdade, sempre soube que eu era gay. Hoje, todos eles me aceitam como sou, me respeitam e sabem que meus valores continuam os mesmos, independentemente da minha orientação sexual.

CAPÍTULO 10 | **CHEGA DE SEGREDOS** 111

Durante muito tempo, fui escondendo minha sexualidade da forma que fosse possível. Porque, para mim, não existia nada mais importante do que a ginástica. Hoje eu me pergunto se essa foi uma decisão acertada. Não sei dizer ao certo, não sei responder a essa pergunta de forma tão objetiva. E devo confessar que me questiono sobre isso até hoje. Será que teria sido diferente? Será que eu teria me dedicado tanto à ginástica? Será que eu teria mesmo perdido os patrocínios? Enfim, nunca vamos saber essa resposta, mas aquela foi a forma que encontrei de lidar com minha sexualidade diante da minha história, da minha realidade, da minha família, do que eu vivia.

Quando resolvi me assumir publicamente, no começo de 2019, fiz isso por dois motivos: primeiro, porque, depois de anos de terapia, senti que estava na hora de parar de viver uma mentira. Eu queria que todos soubessem e que me respeitassem como sou. Segundo, porque acho que, ao "sair do armário", posso servir de exemplo para muitos garotos que sofrem em silêncio, por não aceitarem a própria sexualidade ou por não serem compreendidos pela família. Acho que está na hora de as pessoas pararem de sofrer por causa disso e entenderem que a orientação sexual diz respeito apenas à própria pessoa, e a mais ninguém. Se um atleta ou um profissional é gay, isso não deveria importar. O que importa é o que ele realiza de bom, o que ele constrói, os valores que ele tem. Minha homossexualidade não me impede de ser um exemplo de superação para as pessoas.

Sim, eu sou gay, e não tenho vergonha disso. Já fui julgado por muita gente, durante muito tempo, e não estou pedindo que ninguém aceite, apenas que respeite. Não pretendo levantar nenhuma bandeira, mas, se alguém me perguntar o que sou, não preciso mais mentir. Fiz isso durante muito tempo, e teve um preço alto para mim.

O que posso dizer é que cheguei aonde queria no esporte. Foi difícil? Muito. Foi sofrido? Demais. Precisei colocar o Diego em segundo plano durante muitos momentos? Com certeza. Mas também foi recompensador. Foram 69 medalhas em Copas do Mundo, cinco medalhas em campeonatos mundiais e uma prata numa Olimpíada que aconteceu na minha casa, com minha família e meus amigos na arquibancada. Tenho muito orgulho do que fiz, mas não foi fácil. Nunca é, para ninguém.

Não existe vitória sem sacrifício.

CAPÍTULO 11

APRENDIZADOS

"Você pode encarar um erro como uma besteira a ser esquecida ou como um resultado que aponta uma nova direção."

STEVE JOBS

Quando caí em Pequim, de bunda no chão, a primeira pessoa com quem falei logo depois da minha apresentação foi o Bruno Chateaubriand. Quando caí em Londres, dessa vez de cara, o Bruno também foi a primeira pessoa que atendi ao telefone após sair do tablado. Quando caí de pé no Rio, olha que coincidência: o Bruno foi de novo a primeira pessoa com quem tive contato fora da área de competição. Ele me deu os parabéns e disse, com os olhos marejados: "Você é um campeão olímpico, Diego". Depois de tanto me consolar, ele estava ali emocionado com aquela vitória, que também era dele. Como amigo, assessor e empresário, o Bruno esteve do meu lado nos dias de luta e de glória, e foi fundamental nessa trajetória. Apoiando quando era preciso, criticando quando era necessário. Foi um verdadeiro amigo, presente em todos os momentos, bons e ruins.

Estou falando do Bruno neste momento porque acho que tem uma palavra que precisa ser colocada neste livro: gratidão. Sou muito grato por diversas pessoas que cruzaram meu caminho e estiveram do meu lado quando eu precisei. Da minha família aos meus amigos, passando por profissionais de diversas áreas, tive a sorte de encontrar muitas pessoas que vieram para somar na minha carreira como ginasta. Pessoas que depositaram energia em mim, em um sonho comum, fazendo um trabalho a muitas mãos e ao custo do suor de muita gente. Afinal, nenhuma vitória se conquista sozinho. Vai parecer clichê, mas é aquela velha história: juntos somos mais fortes. Somos mesmo, e estou cada vez mais convencido disso. Talvez essa seja uma das lições mais valiosas que tirei da minha trajetória profissional. A gente pode até ter a soberba de achar que consegue tudo sozinho, e algumas pessoas podem até conseguir de fato, mas, quando você trabalha em conjunto por um objetivo comum, a vitória tem um gostinho ainda mais especial. É disso que estou falando: do gostinho no final das contas.

Sabe por que é mais especial? Porque é a vitória de um grupo, de um time, de uma equipe que trabalhou e sonhou junto em prol de um objetivo comum. E, quando você trabalha com outras pessoas a seu lado, você naturalmente se sente mais forte, sente que pode ir mais longe e que pode conquistar mais. Por mais que o mundo esteja cada vez mais individualista, a gente não deve ter medo de pedir ajuda. Mais importante ainda: a gente não deve ter medo de aceitar ajuda. Contar com o auxílio de outras pessoas é aceitar dividir, é aceitar compartilhar algo. Essa, para mim, é uma das partes mais bonitas desta história toda. Não teria a mínima graça ganhar uma medalha só para mim. Ela só teve todo aquele significado porque era de muita gente, porque dividi aquela conquista com várias pessoas – e todas elas sabem muito bem disso.

O esporte ensina coisas que valem para a vida toda. A começar pelo espírito de equipe, que se faz necessário até mesmo em

CAPÍTULO 11 | **APRENDIZADOS**

um esporte como a ginástica, em que os atletas disputam provas aparentemente individuais. A verdade é que elas não têm nada de individuais, pelo contrário. Tem um atleta ali, mas tem muita gente por trás dele, como em qualquer equipe em que você precisa trabalhar em conjunto para vencer. "Ninguém solta a mão de ninguém", não é assim que falam? O espírito de equipe pode parecer algo etéreo, mas vale muito. Vale para quem quer ser um professor de sucesso, um economista de sucesso, um médico de sucesso. Vale para quem quer se relacionar melhor com seus amigos, seu parceiro, sua família, ou consigo mesmo. Vale para qualquer ambiente, a verdade é essa.

Graças a todas as lições de uma vida dedicada ao esporte de alto rendimento, carrego comigo uma sensação de que posso chegar aonde quiser. Sei plenamente que nenhum caminho é fácil – sei bem disso, não é? Não foi fácil conseguir uma medalha olímpica. Mas agora tenho algo que demorei a encontrar e que talvez tenha sido até mais difícil de obter do que a medalha olímpica: a confiança em mim mesmo. Não confunda com a soberba, que foi o que levei na bagagem para a China, na minha primeira Olimpíada. Ali eu não confiava em mim, ali eu me sentia superior a qualquer outra pessoa, a qualquer outro atleta. É bem diferente. Me sentia tão superior que tinha certeza de que não iria errar nada e que traria um ouro na bagagem de volta.

Quando falo de confiança, me refiro à confiança em mim mesmo, no meu potencial, na minha perseverança. Confiança nas minhas escolhas, nos caminhos que Deus desenha para a gente. Confiança de que posso acertar e, muito mais importante que isso, confiança de que também posso errar. Sim, posso errar, qualquer um pode. E tudo bem. Que soberba é essa que a gente cria para se sentir imune ao erro, à falha, ao fracasso? Perdi a conta de quantas vezes me senti um fracassado completo quando errei. Por favor, vamos refletir sobre isso. Eu mesmo já ponderei muito sobre isso e acabei mudando vários conceitos que estavam enraizados dentro de mim.

Errar não é feio. Errar não é ruim. Errar – e me perdoem pelo clichê, mas é isso mesmo –, errar é humano. Talvez esse seja um dos clichês mais desprezados hoje em dia, embora seja um dos mais importantes.

O problema é que as pessoas associam o erro ao fracasso absoluto, como se fosse uma cicatriz que nunca mais vai sair da nossa pele. Vamos aos fatos: das minhas derrotas vieram meus maiores aprendizados. Lembra-se de Pequim, quando caí de bunda achando que seria medalhista olímpico? E de Londres, quando caí de cara na frente do mundo todo? Eu estava me sentindo um criminoso por ter errado tanto... Mas eu, na realidade, só estava tentando acertar. Não era para ter virado aquele martírio todo. Na verdade, eu me penalizei muito mais do que os outros. Porém, foi só por causa dessas derrotas todas – e olha que foram derrotas doídas e que me marcaram muito – que consegui ganhar lá na frente. Esse é um ponto crucial para mim desse aprendizado todo que tive até aqui.

Quando você se sente confiante até para errar, parece que a vida fica mais leve, mais fácil, mais serena, sabe? Difícil explicar isso assim, em palavras objetivas, mas é como se eu me sentisse confortável comigo mesmo para encarar qualquer desafio. E para errar sem medo de parecer ridículo, de parecer um criminoso, de me envergonhar por causa disso. Pelo contrário, hoje acho até graça do erro, porque ele é natural para todo mundo. Quando me chamaram para atuar como comentarista de TV durante os Jogos Pan-Americanos de Lima, em 2019, é claro que bateu aquele frio na barriga. Nunca tinha feito aquilo, não entendia nada de câmera, de microfone, de estúdio. Não sabia onde tinha que ficar, o tom de voz que teria que usar. Afinal, durante toda a minha vida eu sempre tinha estado do outro lado, sendo entrevistado, sendo filmado enquanto me apresentava no tablado. Estava acostumado às críticas, mas não estava acostumado a criticar, a falar dos outros. Nem sabia se conseguiria fazer isso.

Desta vez, eu estaria assistindo às apresentações de outros atletas e fazendo comentários sobre elas. É um papel difícil também, cheio de responsabilidade, mas decidi tentar, sabendo que poderia não dar certo. Justamente por saber que eu estava ali só tentando – simples assim –, tirei toda aquela pressão que em outros momentos cheguei a depositar em mim mesmo. Eu tinha que ser o melhor comentarista? Não, tinha que ser o Diego, só isso. E um detalhe importante que impus para mim mesmo: aquela atividade tinha que ser divertida, tinha que ser prazerosa. Poderia não dar certo? Poderia, é claro. Mas deu. Talvez tenha dado certo até pela expectativa que depositei ali, ou melhor, pela falta de expectativa. Fui de peito aberto, ciente das minhas limitações, da minha ignorância, querendo aprender com os outros, com aquela equipe, de guarda totalmente baixa, até porque aquele ali não era meu habitat natural. A vida nos ensina, depois de muitas quedas, que devemos ser humildes – e como é grande o valor da humildade. E, vou dizer, como a gente pode ganhar com isso!

Foi uma experiência incrível, que me mostrou como somos capazes de nos adaptar. Como é bom sair da zona de conforto até para ver como a gente reage à pressão do novo, do inédito, do diferente. Quando você está fazendo algo que nunca fez antes na vida, o corpo reage de outro jeito, a cabeça também. Você se surpreende consigo mesmo, se sente renovado, estimulado de novo. Vem um turbilhão de pensamentos, de ideias, de perspectivas que até então nunca tinham passado pela cabeça. Quem sabe esse não é um caminho também? Tudo leva a um aprendizado, e estou mais do que convencido de que esta é nossa missão por aqui: aprender.

Quando subo em um palco para cantar – um hobby que tenho e que está se tornando cada vez mais frequente –, também estou me colocando mais uma vez nesse lugar do novo, do inédito, do diferente. É um estímulo para a mente e para o corpo, sempre. Não é só isso. Estou me colocando ali, mais uma vez, sob o julgamento de várias pessoas, que podem achar bom ou ruim o que estou fazendo. Isso, na verdade, não é mais a questão central para mim, como já foi durante tanto tempo. A questão central é que estou ali me divertindo, fazendo algo de que gosto, e estou me desafiando mais uma vez. Sei que posso acertar e errar, mas agora não tenho mais medo nenhum. Nem de acertar, nem de errar. Aí você me pergunta: e agora?

Vou seguir tentando errar, para ver se aprendo mais alguma coisa.

AGRADECIMENTOS

Como já comentei aqui, um atleta nunca ganha uma medalha sozinho. Muito pelo contrário. Para que ele chegue em cima do pódio, muita gente tem que trabalhar em conjunto por esse objetivo. Na minha trajetória não foi diferente. Desde o início da carreira, no Clube de Regatas do Flamengo, até a conquista da prata olímpica nos Jogos Olímpicos do Rio de Janeiro, em 2016, tive a chance de contar com pessoas fundamentais para a minha evolução como ginasta.

A começar pela minha família, que persistiu e nunca deixou de acreditar no meu sonho, mesmo em meio a tantas dificuldades. Agradeço à minha mãe, Geni, que sempre foi a capitã dessa equipe, e ao meu pai, Wagner, que nunca deixou de batalhar pela nossa família. À minha irmã, Daniele, um exemplo que sempre persegui dentro e fora do ginásio, e ao meu irmão, Edson, meu melhor amigo, sempre presente nos momentos mais importantes da minha vida.

Agradeço também a quatro cantoras gospel que nem sabem que fizeram parte de muitos momentos meus. Sempre que eu escutava as palavras de suas canções, eu me fortalecia:

Jamily, Gabriela Rocha, Bruna Karla e, principalmente, Aline Barros, pois foi a voz dela que escutei antes de entrar na final dos Jogos Olímpicos do Rio.

Agradeço à Georgette Vidor, que nos levou para o Rio de Janeiro, acreditou no potencial da Dani e nos esticou a mão nos períodos mais difíceis.

À Patrícia Amorim, que me pegou no colo quando criança e foi responsável pela minha contratação no Flamengo.

Ao Ronaldo Fenômeno, por abrir as portas para a Daniele, investindo na equipe que conquistou a primeira medalha do Brasil na ginástica artística em um Mundial, em 2001.

A todos os treinadores que participaram da minha formação como atleta: Ernesto Trujillo, Yumi Sawasato, Sandro Brasil e Patrícia Turina. Sem vocês eu nunca teria chegado lá.

Ao Renato Araújo, meu treinador durante tantos anos, responsável pelos resultados mais importantes que conquistei.

Ao Marcos Goto e ao Jorge Bichara, do Comitê Olímpico do Brasil, que acreditaram em mim e fizeram questão de me selecionar para a Rio 2016.

A toda a equipe de médicos que me acompanhou na carreira: o dr. Paulo Szeles, meu clínico, o dr. Geilson Santana, meu psiquiatra, o dr. Robson de Bem, especialista em medicina do esporte e em recuperação de lesões, além da fisioterapeuta Isabel Cristina Castro Rosa e das terapeutas Sâmia Hallage e Lina Matsumoto.

À Luciene Resende e à Vicélia Ângela Florenzano, da Confederação Brasileira de Ginástica, sempre a postos para apoiar os atletas da ginástica artística brasileira.

AGRADECIMENTOS

Ao Bruno Chateaubriand, meu empresário desde 2001; ao Cesar Nogueira, que foi meu assessor de imprensa durante nove anos; e ao Gustavo Ablas de Mendonça, também meu assessor de imprensa por seis anos. Todos eles são, acima de tudo, grandes amigos, com quem sempre pude contar, nos momentos bons e ruins.

À Maurren Maggi, por ter me dado todo o apoio quando caí na Olimpíada de Pequim, e à Bia e à Branca Feres, por terem ido me assistir na final da Rio 2016 e ajudado a controlar meu nervosismo.

À Glenda Kozlowski, que me chamava carinhosamente de Didico e acompanhou toda a minha trajetória, sempre torcendo por meu sucesso.

À jornalista Fernanda Thedim, por ter sido uma ouvinte tão companheira, me fazendo reviver momentos difíceis da minha história, mas fundamentais para alcançar os resultados.

A todos que um dia zombaram de mim. Pode parecer contraditório esse agradecimento, mas essas pessoas só me deram mais força para lutar pelo meu sonho.

A todos os meus patrocinadores, como a Caixa, importantíssimos para incentivar o esporte de alto rendimento no Brasil.

Acima de tudo, agradeço a Deus. Sem Ele nada disso teria sido possível. Nos períodos mais difíceis, eu sempre acreditei que iria dar certo porque a fé foi o que sempre me moveu.

QUADRO DE MEDALHAS

Um resumo das principais conquistas de Diego Hypolito na ginástica artística.

2003
JOGOS PAN-AMERICANOS – SANTO DOMINGO
PRATA
- Equipe
- Salto sobre o cavalo

2004
COPA DO MUNDO – RIO DE JANEIRO
OURO
- Solo
- Salto sobre o cavalo

COPA DO MUNDO – GLASGOW
OURO
- Solo

COPA DO MUNDO – GHENT
OURO
- Solo

BRONZE
- Salto sobre o cavalo

COPA DO MUNDO – BIRMINGHAM
OURO
- Solo

2005
CAMPEONATO MUNDIAL – MELBOURNE
OURO
- Solo

2006

COPA DO MUNDO – LYON
- **PRATA**
  - Solo
- **BRONZE**
  - Salto sobre o cavalo

COPA DO MUNDO – COTTBUS
- **OURO**
  - Solo

CAMPEONATO MUNDIAL – AARHUS
- **PRATA**
  - Solo

2007

JOGOS PAN-AMERICANOS – RIO DE JANEIRO
- **OURO**
  - Solo
  - Salto sobre o cavalo
- **PRATA**
  - Equipe

COPA DO MUNDO – COTTBUS
- **OURO**
  - Solo
- **PRATA**
  - Salto sobre o cavalo

COPA DO MUNDO – STUTTGART
- **OURO**
  - Solo

CAMPEONATO MUNDIAL – STUTTGART
- **OURO**
  - Solo

2008

COPA DO MUNDO – MADRI

OURO
- Solo

COPA DO MUNDO – MOSCOU

PRATA
- Solo

2009

COPA DO MUNDO – COTTBUS

PRATA
- Solo
- Salto sobre o cavalo

COPA DO MUNDO – MARIBOR

OURO
- Solo

COPA DO MUNDO – GLASGOW

OURO
- Solo
- Salto sobre o cavalo

COPA DO MUNDO – MOSCOU

OURO
- Solo

COPA DO MUNDO – OSIJEK

OURO
- Solo

COPA DO MUNDO – CHILE

OURO
- Solo
- Salto sobre o cavalo

2011

CAMPEONATO MUNDIAL – TÓQUIO
BRONZE
- Solo

JOGOS PAN--AMERICANOS – GUADALAJARA
OURO
- Equipe
- Solo
- Salto sobre o cavalo

COPA DO MUNDO – GHENT
OURO
- Solo
BRONZE
- Salto sobre o cavalo

2014

CAMPEONATO MUNDIAL – NANNING
BRONZE
- Solo

2015 — 2016

2015

**COPA DO MUNDO
– DOHA**
PRATA
- Solo
- Salto sobre o cavalo

**COPA DO MUNDO
– SÃO PAULO**
PRATA
- Solo
BRONZE
- Salto sobre o cavalo

**COPA DO MUNDO
– MEDELLÍN**
OURO
- Solo
- Salto sobre o cavalo

2016

**COPA DO MUNDO
– DOHA**
OURO
- Solo
BRONZE
- Salto sobre o cavalo

**COPA DO MUNDO
– COTTBUS**
OURO
- Solo

**COPA DO MUNDO
– SÃO PAULO**
PRATA
- Solo
- Salto sobre o cavalo

**JOGOS OLÍMPICOS
– RIO DE JANEIRO**
PRATA
- Solo